Das kompakte ETF Buch
Mit wenig Zeitaufwand zum cleveren ETF-Sparplan

Die praktische Anleitung für den schnellen, aber nachhaltigen Vermögensaufbau

In einfachen Worten alles was du wissen musst

Julia Weinstein

2. Auflage
2021

Inhaltsverzeichnis

Einleitung

Die Medien berichten täglich von der immer größer werdenden Rentenlücke. Ohne private Vorsorge droht dir im Alter Armut und das, obwohl du jahrzehntelang geschuftet hast. Obwohl das Problembewusstsein bei den meisten Menschen vorhanden ist, sorgen nur die Wenigsten privat vor. Doch woran liegt das?
Früher gab es satte Zinsen auf das Sparbuch. Diese Zeiten sind leider vorbei. Das aktuelle Niedrigzinsumfeld macht es schwer, das vorhandene Geld zu vermehren. Auf dem Sparbuch oder auf dem Tagesgeldkonto verliert das Vermögen an Wert, weil es so gut wie keine Zinsen gibt. Zusätzlich frisst die Inflationsrate das angesparte Geld auf.
Im Jahr 2019 lag die Inflationsrate in Deutschland bei 1,4%. Wenn du dein angespartes Geld nicht zinsbringend angelegt hast, dann hast du im letzten Jahr 1,4% des Vermögens verloren. Oder anders ausgedrückt: Bei einem Vermögen von 100.000 Euro, wäre dieses im Jahr 2019 um 1.400 Euro geschrumpft. Demnach hättest du nur noch 98.600 Euro. Und diese Rechnung gilt lediglich für das Jahr 2019. Nicht selten liegt die Inflationsrate sogar bei über 2% (zuletzt 2011 und 2012).

Als Privatperson hast du zwei Möglichkeiten: Entweder du ignorierst die Tatsache, dass du jedes Jahr ärmer wirst, weil dein Geld auf dem Tagesgeldkonto versauert und gleichzeitig die Inflationsrate das Vermögen schmelzen lässt, oder aber, du suchst nach Alternativen zum

Tagesgeldkonto. Da du gerade dieses Buch liest, gehörst du erfreulicherweise zu der zweiten Gruppe, nämlich zu der, die Probleme aktiv angeht und nicht die Augen vor ihnen verschließt.

Ich habe mir Mühe gegeben, dieses Buch in einfachen Worten zu schreiben. Ich möchte das Thema ETF entmystifizieren. Es wird viel zu viel Geld damit gemacht, alles was mit Versicherungen, Börse und Aktien zu tun hat, möglichst komplex darzustellen, damit ja keiner den totalen Durchblick hat und auf einen Berater zurückgreift. Manchmal habe ich das Gefühl, dass die Berater- und Finanzexpertensparte eine der wenigen Sparten ist, in der still und heimlich unheimlich viel Geld fließt und dass es eine Art Ehrenkodex ist, die Sachlagen möglichst kompliziert darzustellen, um sich so die eigene Zukunft zu sichern.

Ich selbst bin durch eine bekannte Bloggerin, die das Thema Altersvorsorge für Frauen auf ihre Fahnen geschrieben hat, überhaupt erst zu diesem Thema gekommen. Vieles was ich in dem Mentoring bei ihr gelernt habe, fließt in dieses Buch mit ein.

Das Mentoring hat mein Interesse für dieses Thema total geweckt und ich bilde mich immer weiter fort und lese mich ein. Wenn man einmal versteht, worauf es ankommt, verliert man die Angst vor der Finanzbranche. Nach dem Lesen dieses Buches wirst du wissen, wie du dein Geld ohne großen Aufwand selbst in einen ETF anlegst und somit Vermögen langfristig aufbaust.

Dabei schauen wir uns zunächst an, was deine Ziele der Geldanlage sind. Dieses Kapitel ist von zentraler Bedeutung, weil du daraus die Kraft und die Motivation für die zukünftigen Schritte ziehen sollst.
Im Anschluss klären wir die zentrale Frage, was ETFs überhaupt sind. Dazu gehört auch ein geschichtlicher Hintergrund. Im Anschluss wirst du den Unterschied zwischen ETFs, Aktien und aktiven Investmentfonds verstehen, ehe die Stärken und Schwächen von ETFs dargelegt werden.
Danach widmen wir uns der Börse, wie sie funktioniert und welche Börsen es gibt. Dabei werden die wichtigsten Börsen herausgearbeitet. In den nachfolgenden Kapiteln wirst du lernen, warum du niemals deinem Bankberater stumpf vertrauen solltest und warum nicht einfach jeder in ETFs investiert.
Des Weiteren wirst du die verschiedenen Arten von ETFs und bedeutende Indizes kennenlernen, bevor dann die Aspekte erläutert werden, die bei der Auswahl eines Depots von zentraler Bedeutung sind. Genau auf diese Punkte wird im nächsten Kapitel eingegangen, in dem ein Depotvergleich bezüglich der drei herausgearbeiteten Aspekte stattfindet.
Anschließend wirst du lernen, wie du ein Depot eröffnest und wie du dir deinen ersten ETF kaufst. Außerdem zeige ich dir, wie du einen ETF Sparplan anlegen kannst. Des Weiteren wirst du verschiedene Anbieter von ETFs kennenlernen, ehe es etwas trockener wird, wenn es um Steuern und Kosten geht.
Bei den klassischen Fehlern beim Investieren in ETFs werden wir über zu häufiges Handeln sprechen und dass die Börse keine Einbahnstraße ist. Nachdem wir über die

Fehler gesprochen haben, widmen wir uns den Tipps von erfolgreichen Investoren und diskutieren darüber, warum es wichtig ist, nicht zu gierig zu werden.
Außerdem sprechen wir über die realistische Einschätzung der Risikoneigung und warum es gut ist, auf die Markteffizienzhypothese zu vertrauen. Das Buch schließt mit einem Bonusteil ab, indem sinnvolle ETF Zusammensetzungen dargelegt werden.

Zum Schluss sollst du weg von der Theorie und ins Machen kommen! Da ich weiß, wie schwer das sein kann, zeige ich dir noch eine Schritt-für-Schritt Anleitung und konkrete ETF Zusammensetzungen auf.

Ich hoffe sehr, dass du spätestens dann deinen eigenen ETF-Sparplan anlegst und dieses Buch mit einem guten Gefühl zur Seite legst.

Was sind die Ziele deiner Geldanlage?

Am Anfang einer jeden Investition steht die Überlegung, was das Ziel sein soll. Vom Ziel hängt nämlich ab, welche Geldanlageformen für dich relevant sind und welche nicht.

Das Ziel der Geldanlage variiert von Mensch zu Mensch. Das Alter spielt dabei eine große Rolle. Während ältere Menschen eher risikoavers sind und auf keinen Fall Geld verlieren wollen, gehen jüngere Anleger häufig ein größeres Risiko ein, weil sie einen längerfristigen Anlagehorizont besitzen. In einem ersten Schritt solltest du dir daher überlegen, ob es dir um den Vermögensaufbau oder den Vermögenserhalt geht. Während Sparkonten das Vermögen erhalten, weil das Vermögen bis zu einem Volumen von 100.000 Euro durch die Einlagensicherung geschützt ist, lässt sich an der Börse ein Vermögensaufbau betreiben.

Im zweiten Schritt solltest du dir überlegen, ob du an der Finanzwelt Gefallen findest, oder ob du dich quälen musst, dir das entsprechende Wissen anzueignen und dich eigentlich nicht allzu viel damit beschäftigen möchtest. Das findest du am leichtesten heraus, indem du dir die Frage stellst: Möchte ich das Buch gerade nur schnell durcharbeiten, damit ich das Thema abhaken kann, oder hole ich mir eventuell noch ein Buch aus dem Finanzbereich? An der Börse gibt es unterschiedliche Finanzprodukte, die einen unterschiedlich hohen Verwaltungsaufwand benötigen. So gibt es auf der einen Seite Produkte, die nahezu passiv laufen und auf der anderen Seite Angebote, bei denen du täglich handeln musst. Während beispielsweise das Traden ein tägliches Handeln von einigen Stunden benötigt, handelt es sich bei den ETFs um eine passive Anlagemöglichkeit, bei der du lediglich zu Beginn Zeit investierst. Hast du dich einmal mit dem Thema vertraut gemacht, dann kannst du dich die nächsten Jahre entspannt zurücklehnen und dich gleichzeitig auf die Rente freuen, weil du mit der Altersarmut nichts zu tun haben wirst.

An dieser Stelle solltest du aber auch mal in dich gehen und dich fragen, was dich veranlasst hat, dir dieses Buch zu kaufen. Ist es tatsächlich die Angst vor der Altersarmut? Möchtest du deinen Kindern ein Vermögen vererben, damit sie es leichter haben? Möchtest du aus deinem Job raus, weil er dir keinen Spaß macht? Oder möchtest du vielleicht einfach nur weniger arbeiten, weil eine 4-Tageswoche verlockend wäre? Schreibe dir am besten auf, was dich antreibt, damit die Motivation bezüglich dieses Themas hoch bleibt (besonders dann, wenn es darum geht, ein Tief auszuhalten)!

WAS SIND ETFS?

Beim ETF, Exchange Traded Funds, handelt es sich um einen börsengehandelten Indexfonds. Mithilfe eines ETFs hast du als Anleger die Möglichkeit, mit vergleichsweise niedrigen Kosten und wenig Aufwand in breit gefächerte, internationale Märkte zu investieren. Ein ETF enthält verschiedenste Aktien aus aller Welt. Mit einem ETF kannst du mit einem einzigen Kauf in die größten Unternehmen Deutschlands, Europas und der Welt investieren.

Bildlich gesprochen ist ein ETF ein Korb, der viele verschiedene Aktien enthält. Das Investieren in ETFs wird auch als passive Anlageform bezeichnet, weil du dir die einzelnen Aktien nicht selber aussuchst. Das wird von dem von dir ausgewählten ETF übernommen. Hinter jedem ETF steht daher ein Index, der wiederum einen Markt abbildet. Beim Kauf eines DAX-ETFs zum Beispiel profitierst du von der Wertentwicklung der 30 größten Unternehmen Deutsch-lands. Welche Unternehmen dies genau sind, hängt von der derzeitigen Zusammenstellung des DAX ab.

Geschichtlicher Hintergrund von ETFs

Der Ursprung von ETFs geht zurück in das 19. Jahrhundert. Louis Bachelier, ein Mathematiker, hatte bereits damals den Aktienmarkt analysiert. Er gilt als Begründer der Finanzmathematik. Den Ruhm hat Bachelier allerdings nie erlebt, weil er von der Öffentlichkeit zu Lebzeiten nicht beachtet wurde. Das lag vor allem an der Einstellung der Gesellschaft, dass Mathematiker sich nicht mit Aktienanalysen zu beschäftigen haben. Mathematik und Aktien passten damals einfach nicht in die Vorstellung der Menschen.

Auf die Erkenntnisse von Bachelier wurde im Jahre 1950 ein junger Student namens Harry Markowitz aufmerksam. Dieser nahm den Ansatz auf und entwickelte diesen weiter. Zwei Jahre später, im Jahr 1952, veröffentlichte Markowitz sein Papier zur modernen Portfoliotheorie. Es folgten weitere Arbeiten, für die er im Jahre 1990 den Nobelpreis für Wirtschaftswissenschaften erhielt. Markowitz hat die Grundsätze der langfristigen Geldanlage entscheidend geformt.

Die moderne Portfoliotheorie entdeckte zusätzlich die Wichtigkeit der Diversifikation. Wenn ein Anleger sein Geld in verschiedene Assets investiert und somit das Ziel eines breit diversifizierten Portfolios verfolgt, dann sinkt das Risiko eines Verlustes bei gleichbleibenden Renditechancen. Dabei ist es von zentraler Bedeutung, dass die verschiedenen Werte kaum miteinander korrelieren. Ein klassisches Beispiel: Aktien von Ölunternehmen und Airlines entwickeln sich häufig unabhängig voneinander.

Ölunternehmen verdienen immer dann viel Geld, wenn der Ölpreis und die Nachfrage hoch sind. Airlines hingegen profitieren von niedrigen Ölpreisen, damit die Marge bei den Flugtickets zunimmt. Entsprechend kann in diesem Fall durch Diversifikation eine Risikominimierung stattfinden.
Als Gegenbeispiel könnten Nike und Adidas genommen werden. Beide Unternehmen verkaufen Sportartikel und stehen zueinander in Konkurrenz. Wenn nun ein großes Sportereignis abgesagt wird, dann verdienen beide Unternehmen deutlich weniger als geplant. Ein Anleger, der somit nur die beiden Werte im Portfolio hätte, würde im Vergleich zum vorherigen Beispiel extrem hart getroffen werden.
Auch wenn die Theorie vor über 50 Jahren aufgestellt wurde, hat sie noch immer Relevanz. Die Finanzkrise ab 2007 hat zwar dazu geführt, dass die Theorie an Ansehen verloren hat, weil zu der Zeit neben Aktien und Anleihen auch Immobilien und Rohstoffe unter Druck kamen, aber dennoch sind die Kernpunkte weiterhin verlässlich: Du solltest nie alles auf eine Karte (Aktie) setzen, denn ein breit diversifiziertes Portfolio bietet eine deutlich höhere Sicherheit als Einzelinvestments.
Diese Weisheit nahm auch das professionelle Fondsmanagement auf. Doch es dauerte nicht lange, bis das aktive Fondsmanagement ins Wanken geriet. Das Contra gegen aktive Fonds war gleichzeitig ein Pro für die passiven ETFs. Von immer mehr Seiten hagelte es Kritik gegen die Fondsmanager, die bis dato einen sehr guten Ruf genossen. Im Jahr 1967 wurde es auf die Spitze getrieben. Redakteure der renommierten US-Finanzzeitschrift Forbes warfen Dart-Pfeile auf ein Blatt Papier mit

den Aktien der Wall Street. Die getroffenen Aktien wurden im Anschluss in ein Portfolio gesteckt. 17 Jahre später wurde die Performance des zufällig zusammengeschmissenen Portfolios mit dem Portfolio vieler professionell gemanagten Fonds verglichen. Das Portfolio der Redakteure erwirtschaftete eine jährliche Rendite von über 9% und schnitt damit deutlich besser ab, als die meisten aktiven Investmentfonds, die von hochbezahlten Fondsmanagern geführt wurden. William Sharpe und Bill Fouse nutzten die Gunst der Stunde und entwickelten im Jahr 1971 den ersten Indexfonds mit dem Namen „Samsonite Pension Fund". In diesem Indexfonds waren 1.500 US-amerikanische Aktien enthalten.

Die Idee wurde von den Herren John Bogle und Burton Malkiel weitergeführt. Kurz darauf gründeten sie die noch heute bestehende Vanguard Investmentgesellschaft. Diese hatte ihren Fokus ausschließlich auf Indexfonds gerichtet. Bogle und Malkiel hatten die Vision, der breiten Bevölkerung kostengünstige Anlagemöglichkeiten zu bieten. Der erste Indexfonds der Firma, der Vanguard 500, wurde so erfolgreich, dass schon bald andere Investmentgesellschaften gegründet wurden. Heute ist Vanguard mit einem verwalteten Vermögen von über 5 Billionen US-Dollars die Zweitgrößte, nach BlackRock. In den deutschen Markt schaffte es Vanguard erst 2017. Mittlerweile werden über 36 ETFs von Vanguard auf Xetra gehandelt (Stand April 2020).

In den 80er Jahren wurden die Indexfonds noch nicht ETFs genannt, sondern Cash Index Participations (CIPs) und Index Participation Shares (IPS). In Deutschland war damals eine Commerzbank-Tochter führend, indem sie den CB German Index Fund einführte. Dieser

war allerdings nur institutionellen Investoren vorbehalten.
Die ersten ETFs, so wie wir sie heute kennen, kamen im Jahr 1990 an die Börse. Damals allerdings lediglich an der Börse in Kanada. Zehn Jahre später war es dann auch in Deutschland möglich, einen ETF zu erwerben. Mittlerweile sind ETFs für die Geldanlage nicht mehr wegzudenken. Mittlerweile gibt es über 7.000 ETFs.

Unterschied ETFs zu Aktien

Ein ETF bildet mindestens eine Aktie ab. Im Normalfall sind in einem ETF allerdings deutlich mehr Aktien abgebildet. Die genaue Anzahl der Aktien ist abhängig vom zugrundeliegenden Index. Wird beispielsweise der DAX abgebildet, so sind im ETF genau 30 Aktien enthalten. Wird hingegen der MSCI World als Grundlage genommen, sind weit über 1.000 Aktien im ETF enthalten.
ETFs und Aktien unterscheiden sich daher im Wesentlichen in der Anzahl der Aktien. Damit streut sich auch das Risiko. Bei einer Aktie bist du vom Werdegang der Firma 1:1 abhängig. Bei einem ETF zählt nur der Trend aller Firmen im Fonds. Dies wiederum minimiert das Risiko stark. Mit der Risikosenkung sinkt natürlich auch die Möglichkeit der Rendite im Vergleich zur Aktie.
Demnach sind ETFs längst nicht so spekulativ wie Aktien, aber auch nicht so gewinn- und verluststark. Bei einem ETF setzt man auf eine langfristige, langsame Steigerung des Wertes. Das ist zwar ziemlich langweilig, aber auch ziemlich sicher und bringt -je nach Anlagelänge- 3%, 5% oder auch 7% Rendite. Die Dividende

fließt dir auf alle Fälle zu, egal ob du über einen ETF oder über ein Aktieneinzelinvestment investiert bist.
Die Kosten bei einem Aktienkauf sind im Übrigen auch wesentlich höher als bei einem ETF. Hinzu kommt, dass du beim aktiven Handeln mit Aktien bei jedem Kauf/Verkauf Gebühren zahlst. Beim ETF hast du deutlich weniger Gebühren und dadurch, dass du nur einmal kaufst und dann lange nichts unternimmst, sparst du auch jede Menge Gebühren, die sonst deine Rendite fressen würden.
Der ETF hat auch den Vorteil, dass du nicht zu den einzelnen Hauptversammlungen der Unternehmen eingeladen wirst. Deine Stimmrechte übernimmt der ETF-Anbieter und du kannst die Zeit anders nutzen.
Falls du also vorhast, unter der Woche ständig zu einzelnen Firmen zu fahren, um dir dort die Zahlen präsentieren zu lassen und eine Bockwurst mit Senf abzustauben, dann solltest du dich für Aktieneinzelinvestments entscheiden. Wenn du allerdings besseres zu tun hast, dann lies lieber weiter.

Unterschied ETFs zu aktiven Investmentfonds?

Ein ETF ist ein passives Anlageprodukt. Mit einem ETF wird ein bestimmter Markt 1:1 abgebildet.

Ein aktiver Investmentfonds hingegen wird aktiv von einem Fondsmanager geführt.

Dieser analysiert die Aktien für die Privatanleger und kauft bzw. verkauft mit dem vorhandenen Geld Aktien. Das wiederum resultiert in höheren Gebühren für den aktiven Fonds. Viele Bankberater begründen die höheren Gebühren mit der Arbeit des Fondsmanagers, der sich täglich mit den im Portfolio enthaltenen Aktien befasst.

Doch du solltest immer den Mehrwert dahinter erfragen. Der Manager analysiert die Aktien und weiß somit über die Unternehmen besser Bescheid als viele andere. Doch das Wesentliche ist doch die erzielte Rendite. Ist die Rendite von aktiven Investmentfonds denn wirklich attraktiver als die von passiven ETFs?

Zahlreiche Studien sprechen eine klare Sprache: Die Investmentfonds sind ihre Gebühren nicht wert! Nur die wenigsten Investmentfonds sind in der Lage, nach Abzug der Gebühren, eine Überrendite gegenüber des Markts zu erzielen. Mark Carhart, ein Finanzwissenschaftler hat 1.892 aktive Investmentfonds unter die Lupe genommen und sich den Zeitraum 1961 bis 1995 angeschaut. 94% der betrachteten Fonds schnitten schlechter ab als der Vergleichsindex. Du kannst jetzt natürlich auf die Suche nach den restlichen 6% gehen, die den Vergleichsindex geschlagen haben, doch eine Sicherheit, dass der Fonds den Vergleichsindex auch in Zukunft schlagen wird, hast du dennoch nicht. Warum also nicht lieber die Zeit (und dein Geld) sparen und in einen ETF investieren?

Kein Finanzexperte der Welt kann die Performance von bestimmten Aktien oder Märkten mit einer Wahrscheinlichkeit von 100% vorhersagen!

Im Internet findest du viele Analysen zu Aktien, doch dabei handelt es sich lediglich um Prognosen, die eintreten können oder auch nicht. Viele der Prognosen stammen von Analysten oder Fondsmanagern, die ihre eigenen Aktien pushen wollen. So werden die Aktien empfohlen, die der Fondsmanager kurz zuvor selbst gekauft hat. Rasante Kursanstiege sind die Hoffnung. Das Einzige, was du wirklich beeinflussen kannst, sind die laufenden Kosten. Achte daher zu Beginn deiner Investmentreise auf die Gebühren der Produkte, denn die Gebühren können einiges an Rendite vernichten. Nicht selten liegt die Verwaltungsgebühr bei aktiven Investmentfonds bei über 2%. In Ausnahmefällen werden sogar Gebühren von bis zu 5% genommen. Bei ETFs hingegen liegt die Gebühr häufig sogar bei unter 0,5% des eingesetzten Kapitals.

Zur Verdeutlichung findest du hier eine Gegenüberstellung der Kosten und Einzahlungen und dem beeindruckenden Unterschied von vermeintlich kleinen Prozent-Unterschieden:

Bei diesem Vergleich wird von folgenden Eckdaten ausgegangen:

	aktiver Fonds	ETF	Unterschied
Kaufkosten	4%	1,50%	2,50%
laufende Kosten	2,00%	0,50%	1,50%
Einzahlungen	4.800 €	4.800 €	- €
Endvermögen	21.310 €	13.930 €	- 7.380 €
Gewinn	16.510 €	9.130 €	- 7.380 €
gez. Gebühren	4.078 €	1.391 €	- 2.687 €

Ein aktiver Fonds mit einem Ausgabeaufschlag von 4% und laufenden Kosten von rund 2%.
Renditeannahme: beide gleich bei 7% im Jahr zum direkten Vergleich der Kosten
Zeitraum: 40 Jahre, 10 Euro monatlich investiert
Unterschied: Das Endvermögen ist beim ETF um 7380 Euro höher als beim aktiven Fonds.
Die Gebühren beim ETF belaufen sich insgesamt auf 1391 Euro, beim aktiven Fonds auf 4078 Euro.
Fazit: Man sieht ganz deutlich, dass das Endvermögen sehr unterschiedlich ausfällt, obwohl die Rendite gleich ist. Den Unterschied machen nur die Kosten! Also achte beim Abschluss einer Geldanlage immer auf die Kosten! So ein kleiner Unterschied verglichen mit einem ETF kann am Ende so eine große Wirkung haben.

Vorteile von ETFs

Die Vorteile von ETFs haben das Finanzprodukt so beliebt gemacht, dass immer mehr Anleger auf den Zug aufspringen. An oberster Stelle stehen dabei die geringen Gebühren. Für Anleger mit einem langen Anlagehorizont kann die jährliche Gebühr einen wesentlichen Einfluss auf die langfristige Performance haben. Daher solltest du bei der Auswahl eines geeigneten ETFs immer einen Blick auf die Kostenstruktur werfen. Als Richtwert kannst du eine Gebühr von 0,5% des investierten Kapitals nehmen. Bei aktiv gemanagten Fonds ist die Gebühr schnell bei 2% oder noch höher. Und bevor du das Geld einem Investmentfondsmanager hinterherschmeißt, informiere dich lieber über die Rendite nach Abzug aller Kosten des vermeintlichen Börsengurus.

Ein weiterer wesentlicher Vorteil von ETFs liegt in der Liquidität. Da es sich bei ETFs um einen börsengehandelten Indexfonds handelt, kannst du den ETF zu den üblichen Börsenzeiten verkaufen. Du kannst also relativ spontan auf dein Geld zugreifen. Dies ist bei vielen anderen Anlageprodukten nicht der Fall. Nehmen wir als Beispiel eine Immobilie. Du hast dir ein Haus gekauft und entscheidest dich, dass du in eine andere Stadt gehen möchtest. Dafür benötigst du Geld und daher willst du das Haus verkaufen. Zuerst musst du einen Interessenten finden. Dabei kann dir ein Makler helfen, der allerdings eine bestimmte Summe verlangen wird. Und dennoch kann es passieren, dass sich wochenlang kein Interessent meldet. Selbst wenn sich ein Interessent findet, dann dauert es bis zum Vertragsabschluss dennoch einige Wochen, bis du zusammen mit dem Käufer beim Notar sitzen kannst, weil der Interessent meist erst einen Kredit aufnehmen muss. Auch gegenüber klassischen Investmentfonds gibt es den Liquiditätsvorteil. Aktive Investmentfonds müssen von der Fondsgesellschaft zurückgenommen werden. In einem ersten Schritt musst du der Fondsgesellschaft daher mitteilen, dass du die dir gehörenden Anteile zurückgeben möchtest. Erst dann wickelt die Gesellschaft den Verkauf ab und überweist dir einige Werktage später das Geld. Außerdem muss bei Investmentfonds vor der Rückgabe noch der aktuelle Marktpreis ermittelt werden. Diese zeitintensive Ermittlung fällt bei den ETFs weg, da der Marktpreis dem Kurs an der Börse entspricht.

Als dritter Vorteil kann die Sicherheit von ETFs angeführt werden. Das Vermögen in ETFs gehört zum sogenannten Sondervermögen, was wiederum bedeutet, dass die Anteile an ETFs separat zum Vermögen der Fondsgesellschaft gelistet werden. Das hat den entscheidenden Vorteil, dass dein ETF-Vermögen nicht verloren geht, wenn der Herausgeber insolvent geht. Sollte der Fall eintreten, dass der ETF-Anbieter Insolvenz anmelden muss, dann müsstest du deine Anteile lediglich zu einem anderen Institut übertragen, was keine Extrakosten versursacht.

Ein weiterer Pluspunkt von ETFs liegt in deren Transparenz. Zu jedem ETF gibt es eine ausführliche Broschüre, die darüber informiert, aus welchen Regionen, Branchen und Aktien sich der ETF zusammensetzt. Außerdem ist die Zusammensetzung der ETFs relativ stabil. Eine Änderung in der Zusammenstellung gibt es nur, wenn es zu einer Indexanpassung kommt. Nehmen wir als Beispiel den deutschen Aktienindex (DAX), indem sich die 30 größten Aktien Deutschlands befinden. Es kann dazu kommen, dass ein Unternehmen schlecht wirtschaftet oder kriminell gehandelt hat, sodass der finanzielle Schaden so groß ist, dass das Unternehmen aus dem DAX entfernt wird, weil es nicht mehr zu den 30 größten deutschen Unternehmen gehört. Nicht immer muss das Unternehmen an der Gesamtsituation alleine schuld sein, wie das Beispiel der Lufthansa zeigt. Lufthansa ist aus dem DAX entfernt worden, weil sie aufgrund der Folgen der Corona-Pandemie nicht mehr zu den 30 größten Unternehmen Deutschlands gehörte. Als Besitzer von ETFs verlierst du in dem Fall zwar die Anteile an der Lufthansa, gleichzeitig bekommst du aber Anteile von dem Unternehmen, das für die Lufthansa in den DAX rückt. Ersetzt wurde die Lufthansa durch den Immobilienkonzern Deutsche Wohnen. In letzter Zeit scheinen sich die Wechsel zwar zu häufen, doch retrospektivisch betrachtet sind die Wechsel eher selten. Ein weiteres aktuelles Beispiel ist Wirecard. Wirecard hat im Jahr 2020 massiv an Kurs verloren, weil ein Bilanzvermögen ausgewiesen wurde, welches in Wahrheit gar nicht vorlag.

Die angesprochene Transparenz von ETFs hast du bei klassischen Investmentfonds nicht. Der Investmentfonds wird klassischerweise von einem Investmentfondsmanager geführt. Dieser informiert sich über die im Portfolio liegenden Aktien und analysiert vermeintlich attraktive Anlagemöglichkeiten. Viele Manager handeln dutzende

Aktien pro Tag, sodass es dem Manager gar nicht möglich ist, über jede Transaktion zu berichten. Die Folge ist eine mangelnde Transparenz, welche die Anleger zwangsweise hinnehmen müssen. Zwar gibt es auch bei Investmentfonds Broschüren, die im Groben erläutern, wie investiert wird, doch eine genaue Aktiendarstellung gibt es nur stichtagsbezogen.

Das nutzen viele Investmentfondsmanager aus, indem sie kurz vor der Publikation das Portfolio säubern. Natürlich wollen die Manager nach außen ein robustes Portfolio darstellen und versuchen daher alles, ein attraktives Portfolio zu schaffen, bevor es publiziert wird. Das Phänomen ist in der Finanzwelt unter „Window Dressing" bekannt. Kurz vor dem Stichtag der Veröffentlichung kaufen die Fondsmanager vorwiegend die Aktien, die in den letzten Monaten besonders stark gelaufen sind und verkaufen gleichzeitig die Aktien, die eine magere Performance aufweisen. Die Kunden werden denken, dass sie mit der Auswahl des Investmentfonds alles richtig gemacht haben, weil sie bei der Betrachtung des Portfolios vorwiegend High Performer sehen. Nicht nur, dass dem Anleger so ein falsches Bild des Fonds dargeboten wird, sondern gleichzeitig führt das „Window Dressing" zu einer noch schlechteren Performance des Fonds. Häufig weisen gerade die Aktien in der Zukunft eine gute Performance auf, die in den letzten Monaten eher unterdurchschnittlich performt haben. Es wird dem Portfolio also die Chance genommen, die relative Schwäche wieder aufzuholen. Zusätzlich fallen für die Käufe und Verkäufe wiederum Gebühren an, die sich letztlich auch auf die Rendite niederschlagen.

Ein weiterer Vorteil von ETFs ist die Risikostreuung. Vielleicht hast du schon einmal von dem Spruch gehört: „Lege nicht alle Eier in einen Korb“. Die Message des Spruchs ist nachvollziehbar und soll die Bedeutung von Risikostreuung unterstreichen. Wenn du mit einem Korb voller Eier stürzt, dann sind sämtliche Eier zerstört. Wenn du die Eier aber auf mehrere Körbe aufgeteilt hast, dann existieren wenigstens noch die anderen Eier. Auf dieses Prinzip bauen ETFs auf. Anleger sollten in verschiedene Unternehmen aus verschiedenen Ländern und Branchen investieren. Wie wichtig die Diversifikation ist, wird in Krisenzeiten immer wieder sichtbar. Während der Finanzkrise 2007 bis 2009 haben die Bankaktien enorme Kursverluste hinnehmen müssen. Wenn du damals in erster Linie auf Bankaktien gesetzt hättest, dann hättest du vermutlich ein großes Vermögen verloren. Die Corona Krise hatte enorme Auswirkungen auf den Handel und den Tourismus. TUI, sämtliche Airlines und Hotelketten waren enorm ins Straucheln gekommen. Die Anleger schlugen die Hände über den Kopf. Diese Krisen sind in aller Regel nicht voraussehbar, daher bist du nur dann auf der sicheren Seite, wenn du über viele Aktien hinweg diversifizierst (aufteilst).

Ein ETF erfüllt genau diese Anforderung. Beim Kauf des MSCI World erwirbst du Aktien von über 1.500 Unternehmen, sodass du Krisen gelassener sehen kannst. Im Fall vom ETF ist es praktisch, dass die Risikostreuung ohne großen Aufwand geschieht. Du musst dich nicht erst über die ganzen Aktien informieren, sondern einfach nur deine groben Investitionsziele wissen. Immobilieninvestoren versuchen zwar auch zu diversifizieren, haben

allerdings größere Schwierigkeiten, weil Immobilien meist mehr Kapital benötigen und weil es bei Immobilien deutlich schwerer ist, geographisch zu diversifizieren. Häufig werden die Häuser dort gekauft, wo man auch wohnt, damit die langen Fahrtstrecken zur Immobile auf ein Minimum gesenkt werden.
ETFs haben auch den Vorteil, dass du bereits mit kleinen Beträgen investieren kannst. Immer noch häufig kursiert das Gerücht, dass Aktionäre alle reich sind und dass man selber viel Geld braucht, um zu investieren. Diese Barriere im Kopf schaffen sich viele Menschen allerdings selber. Sie wollen gar nicht erst mit dem Investieren anfangen. Dabei hat absolut jeder Mensch die Möglichkeit, in ETFs zu investieren. Benötigt werden lediglich 25 Euro. Mit 25 Euro kannst du einen monatlichen -oder sogar zweimonatlichen- Sparplan einrichten und so ein langfristiges Vermögen aufbauen. Und wenn du denkst, dass du keine 25 Euro übrig hast, dann hinterfrag doch mal deinen Lifestyle. Für was gibst du dein Geld aus? Ist es Geld für einen täglichen Latte-to-go auf den Weg zur Arbeit oder das Mittagessen als Fertiggericht? Oder für nicht nur einen Netflix-Account, sondern auch noch einen Prime- und Sky-Account? Oder bist du vielleicht im Fitnessstudio angemeldet und zahlst jeden Monat 25 Euro für die Mitgliedschaft, ohne sie zu nutzen? Alles schöne Dinge, aber ist es das wert, auf deinen Vermögensaufbau zu verzichten? Und falls du wirklich am Minimum lebst, dann gibt es immer noch die Möglichkeit, den Sparplan auch wieder auszusetzen, sodass die 25 Euro beispielsweise nur alle drei Monate investiert werden. Du solltest den Zinseszinseffekt unbedingt nutzen. Dieser Effekt hilft dir als Anleger mit langem Zeithorizont

ein großes Vermögen aufzubauen. Albert Einstein soll den Effekt mal als 8. Weltwunder bezeichnet haben. Als Zinseszinseffekt wird das Phänomen bezeichnet, dass Zinsen wiederum Zinsen bekommen können.

Dazu ein einfaches Beispiel:

Nehmen wir an, du sparst im ersten Jahr 1000 Euro und erreichst an der Börse eine Rendite von 5%. Nach einem Jahr hast du folglich ein Kapital von 1050 Euro.
Nun hast du zwei Optionen: Entweder du kaufst dir von den 50 Euro Gewinn etwas Tolles, oder du reinvestierst die 50 Euro. Weil du dir aber ein Vermögen aufbauen möchtest, reinvestierst du das Geld. Nach dem zweiten Jahr hast du dann schon 1050 Euro * 5% Rendite = 1102,50 Euro. Mit der Zeit wird der Zinseszinseffekt immer stärker. Nach zehn Jahren der Kapitalanlage liegt dein Vermögen schon bei 1630 Euro. Nach 20 Jahren hättest du sogar 2650 Euro.
Wenn du die Gewinne nicht wieder reinvestiert hättest, dann hättest du mit dem einfachen Zinseffekt lediglich ein Kapital von 2000 Euro nach 20 Jahren. Der Zinseszinseffekt wird von verschiedenen Faktoren beeinflusst. Die Zeit spielt dabei eine entscheidende Rolle. Je eher du anfängst zu investieren, desto besser! Wenn du mit 20 Jahren jeden Monat 100 Euro zur Seite legst, dann hast du bei einem Zinssatz von 7% ein Vermögen von 367.000 Euro bei einem Lebensjahr von 65. Hättest du die Gewinne allerdings nicht reinvestiert, dann würdest du nur auf ein Vermögen von 141.000 Euro kommen. In diesem Fall liegt der Zinseszinseffekt bei 226.000 Euro. Das ist am Ende geschenktes Geld!

Neben der Zeit spielt auch das investierte Kapital einen zentralen Faktor. Falls du die Möglichkeit hast, deine Sparrate von 100 Euro auf 250 Euro zu steigern, dann wirst du mit 65 ein Millionär sein! Auch der Zeitpunkt der Zinszahlung hat einen Einfluss auf den Zinseszinseffekt. In den oben aufgeführten Zahlen wurde davon ausgegangen, dass der Gewinn immer zum Jahresende ausgeschüttet und direkt wieder investiert wurde. Nicht selten kommen die Gewinnausschüttungen aber auch pro Quartal. Eine quartalsweise Zinszahlung führt zu einem stärkeren Zinseszinseffekt, weil der Gewinn so früher wieder reinvestiert werden kann.

Was macht eine ETF-Anlage so risikolos erfolgreich?

Eins vorneweg: Das Geld anlegen in ETFs ist nicht risikolos. Es gibt keine Art des Vermögensaufbaus, das risikolos ist. Wenn du dein Geld 100% sicher anlegen möchtest, dann kannst du das auf einem Tagesgeldkonto tun. Diese Art des Geldparkens ist risikolos, aber es parkt halt auch nur dein Geld und hat gar nichts mit Vermögensaufbau zu tun.

Vermögensaufbau ist nie risikolos. Sicherheit geht immer auf Kosten der Rendite. Und je höher die Rendite sein soll, desto mehr Sicherheit muss man aufgeben. Und je schneller man Rendite erreichen will, desto mehr Sicherheit muss man aufgeben. Also eine hohe Rendite zahlt man immer mit höherem Risiko.

Was kann man also davon lernen? Erstens: Wie schon wiederholt geschrieben, lege kein Geld an, auf das du nicht für einige Zeit verzichten kannst. Fülle erst deinen Notgroschen und investiere dann. Zweitens: Wenn du dann investierst und -wie ich- nicht besonders risikofreudig bist, gehe kein zu hohes Risiko ein, auch wenn es dir super Renditen verspricht.

Der Vermögensaufbau mit ETFs ist deshalb so genial, weil man mit hoher Sicherheit eine hohe Rendite erhalten kann, wenn man denn nicht den schnellen Erfolg sucht, sondern auf Langfristigkeit setzt. Denn das Anlegen in einen ETF streut erstmal das Risiko auf viele verschiedene Firmen, Länder und Branchen. Weiterhin kann man das Risiko weiter minimieren, in dem man auf eine bestimmte Strategie setzt, die sich „Buy and Hold"-nennt. Also Kaufen und Halten.

Denn der Clou ist folgender: Wenn man sich die Aktienkurse der letzten 130 Jahre aus der Vogelperspektive anschaut, so kam nach jedem Crash der Aufstieg. Dieser Aktienchart verdeutlicht dies:

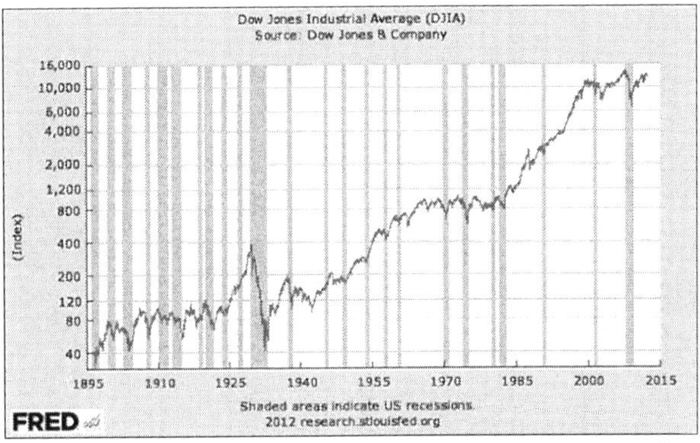

Wie man sieht, erholte sich der Kurs selbst nach dem schlimmen Börsencrash im Jahr 1929 ein paar Jahre später wieder.

Deswegen lohnt sich die Strategie, einen ETF mindestens 15-20 Jahre zu besparen. Denn wie in verschiedenen Studien berechnet wurde, kann man dann im Schnitt von einer Rendite von 7-9% ausgehen.

Doch diese Taktik hat auch einen Nachteil: Sollte man sein Geld zu einem bestimmten Zeitpunkt unbedingt benötigen, kann es sein, dass gerade ein Börsentief herrscht und man einen Verlust machen würde, wenn man das Geld entnimmt. Deswegen eignet sich das Sparen in einen ETF nur für einen langfristigen Vermögensaufbau und nicht für ein bestimmtes Sparziel zu einem bestimmten Datum in der Zukunft.

SCHWÄCHEN VON ETFS

Neben den vielen Vorteilen heben Kritiker aber auch immer wieder Schwächen hervor. ETFs sind zwar deutlich günstiger als aktive Investmentfonds, allerdings sind ETFs noch immer teurer als Aktien.

Aktien haben keine laufenden Kosten. Vollständigkeitshalber sollte aber auch erwähnt werden, dass es zahlreiche Anbieter gibt, bei denen ETFs kostenlos bespart werden können. Außerdem kann ein Portfolio bestehend aus Aktien zwar günstiger sein, allerdings ist der eigene Verwaltungsaufwand dafür wesentlich höher. Du solltest deine Performance und die einzelnen Positionen stets im Auge haben.

Stell dir daher die Frage, ob du deine Freizeit darin investieren möchtest, oder ob du deine Zeit lieber mit anderen Dingen verbringst. Außerdem dürfen die Ordergebühren nicht unterschätzt werden. Bei einem ETF, wie dem MSCI World, wirst du Anteilseigner von über 1.000 Aktien. Stell dir vor, die würdest du dir alle einzeln kaufen, dann hättest du bei einer Ordergebühr von 10 Euro über 10.000 Euro für Aktien ausgegeben. Diese Gebühren können sich daher auch schnell summieren. Zudem fallen Kosten für den Verkauf der Aktien an.

Die Kritiker von ETFs beziehen sich außerdem häufig auf die Performance. Zwar schlagen aktiv gemanagte Fonds so gut wie nie den Index, doch eine Überrendite solltest du von ETFs auch nicht erwarten. Dadurch, dass ein ETF lediglich einen Index abbildet, kann der ETF gar nicht besser abschneiden als der Index.

Die gute Nachricht: Der ETF wird dafür aber auch nicht schlechter abschneiden! Du wirst daher immer eine durchschnittliche Rendite einfahren. Wenn du zu den wenigen Glücklichen gehören möchtest, die eine Überrendite erzielen, dann stürze dich lieber auf einzelne Aktien, aber sei nicht enttäuscht, wenn du es nicht schaffst.

Was ist die Börse und wie funktioniert sie?

Im Allgemeinen handelt es sich bei Börsen um Marktplätze, auf denen unterschiedliche Waren und Dienstleistungen getauscht werden. Die Wertpapierbörse ist ein Markt, auf dem Wertpapiere getauscht werden. Anhand der Börse wird der faire Wert eines Wertpapiers ermittelt. Dieser ergibt sich durch Angebot und Nachfrage. Überwiegt die Nachfrage das Angebot, so steigt der Preis der Aktien. Früher trafen sich die Menschen tatsächlich auf der Börse und handelten die Wertpapiere mithilfe von Dokumenten. Durch die Digitalisierung ist die Börse ein standardisiertes System geworden. Als Anleger kannst du sekundenschnell kaufen und verkaufen. Die Systeme im Hintergrund suchen blitzschnell einen passenden Käufer, bzw. Verkäufer für deine Anfrage. Das hat den Vorteil, dass die Verkaufs- und Kaufanträge mittlerweile automatisiert erledigt werden. Täglich werden Millionen Orders abgearbeitet.
Der Name der Börse wurde aus dem Lateinischen abgeleitet, vom Wort „Burse". Das Wort bedeutet so viel, wie „aus einer Kasse lebende Gemeinschaft". Übersetzt bedeutet es Ledertasche bzw. Geldsäckchen. Der Ursprung des Worts „Bursa" stammt aus dem Altgriechischen und bezeichnete so viel wie Fell. Der Bedeutungswandel entstand erst zwischen der Antike und dem Mittelalter.

Die wichtigsten Börsen weltweit

ETFs kannst du an den verschiedensten Börsen kaufen. Die wohl bekannteste und größte Börse ist die New York Stock Exchange (NYSE), die ihren Sitz in New York hat. Diese Börse wird auch als „Wall Street“ bezeichnet. Als europäischer Anleger solltest du beachten, dass die Börse andere Öffnungszeiten hat als die europäischen Börsen. An der Wall Street wird werktags zwischen 15:30 und 22:00 (MEZ) gehandelt. Deutschlands wichtigste Börse ist die Frankfurter Wertpapierbörse (FWB). Zu der Börse gehört nicht nur die Börse Frankfurt, sondern auch der XETRA Handelsplatz. Die Öffnungszeiten dieser Handelsplätze sind werktags von 8:00 Uhr bis 20:00 Uhr. Eine in Europa bedeutende Börse ist die London Stock Exchange Group. Sie wurde bereits im Jahr 1698 gegründet. Die Handelszeiten gehen von 9:00 Uhr morgens bis 18:30 Uhr (MEZ). Des Weiteren gibt es in Japan die Tokyo Stock Exchange Börse, die erst 1978 gegründet wurde. Hier gelten wiederum andere Öffnungszeiten. Gehandelt wird üblicherweise zwischen 01:00 Uhr bis 3:30 Uhr (MEZ). Es folgt eine einstündige Mittagspause, bevor die Börse wieder von 4:30 Uhr bis 07:00 Uhr öffnet (MEZ).

Warum du niemals einem Bankberater blind vertrauen solltest

Auch wenn die wenigsten Menschen in der privaten Altersvorsorge aktiv werden, wissen viele dennoch, dass sie sich eigentlich kümmern sollten. Also rufen sie bei ihrer örtlichen Sparkasse an und machen einen Termin bezüglich einer Geldanlage aus. Auf der anderen Seite des Hörers reiben sich die Angestellten die Hände, weil sie hohe Provisionen erwarten. Die Menschen lassen sich in dem Termin beraten und schließen dann meist noch vor Ort den ersten Vertrag ab. „So, ist das auch endlich geschafft", denken sie sich danach. Dass sie allerdings einen schlechten Deal gemacht haben, bei dem die Kosten oft höher sind als die vermeintlichen Renditen, wissen die Wenigsten. Mit diesem Buch bist du auf dem richtigen Weg. Du machst dir ein unabhängiges Bild von der Geldanlage und vertraust dem Bankberater nicht blind. Die meisten Bankberater sind keine schlechten Menschen, sondern machen einfach nur ihren Job. Der Kunde möchte beraten werden und natürlich berät der Bankberater den Kunden so, wie es für ihn am besten ist.

Dabei müssen allerdings zwei Arten von Finanzberatern unterschieden werden. Der provisionsabhängige Bankberater verdient Geld, sobald ein Kunde beispielsweise Geld in einen bestimmten Investmentfonds investiert. Deswegen wird er dahingehend beraten. Je mehr Verträge abgeschlossen werden, desto höher dessen Pro-

vision. Es gibt aber noch eine zweite Art von Finanzberatern. Die unabhängigen Berater, auch Honorarberater genannt, bekommen von den Investmentfonds kein Geld, wenn sie Kunden dazu bringen, darin zu investieren. Sie können nämlich nur deshalb unabhängig beraten, weil sie keine Verträge mit bestimmten Produktanbietern haben. Sie können völlig frei auf die Bedürfnisse des Kunden eingehen. Sie werden pro Stunde bezahlt, wobei das Erstgespräch meist kostenlos ist. Allerdings sind in Deutschland die wenigsten Menschen dazu bereit, für eine Dienstleistung eine höhere dreistellige Summe zu bezahlen. Der typische deutsche Anleger investiert lieber in überteuerte Produkte und bezahlt die Beratung quasi mit den Kosten der einzelnen Produkte. Der Deutsche fühlt sich dadurch besser. In anderen Nationen, wie beispielsweise in den USA, ist der Beruf eines Honorarberaters viel verbreiteter, weil dort eine ganz andere Investmentkultur herrscht.
In Deutschland haben daher die provisionsabhängigen Berater, so wie wir sie von den Volksbanken und Sparkassen kennen, die Oberhand. Diesen solltest du aber niemals blind vertrauen. Nicht selten werden Investmentfonds mit Kosten von über fünf Prozent angeboten, die aber jährlich nicht mal eine Rendite von fünf Prozent haben. De Facto verliert dein hart verdientes Geld nicht nur durch die Inflation an Wert, sondern auch durch das schlechte Anlageprodukt. Dank dieses Buches wirst du die Aussagen deines Bankberaters besser einschätzen können.
Investieren ist auch immer ein Prozess. Lass dich ruhig mal beraten und hinterfrage kritisch. Wenn du einen „gu-

ten“ Berater hast, dann wird er dir schnell andere Produkte, also deutlich bessere Produkte anbieten. Du kannst den Berater auch mal nach ETFs fragen und schauen, wie dieser reagiert. Wahrscheinlich wird er dir einige Negativpunkte anführen können, wie beispielsweise, dass kein Manager ein Auge auf die Aktien hat. Doch du weißt ja bereits, dass das Auge des Fondsmanagers kaum einen nachhaltigen Effekt hat und lediglich ins Portmonee geht.

Voraussetzungen, um in ETFs zu investieren

Um in ETFs investieren zu können, benötigst du ein Depot. Das Depot kannst du bei deiner Bank oder bei einem Online Broker eröffnen. Auch hier gibt es einige Dinge, auf die du achten solltest, die im späteren Kapitel erläutert werden. Ein Depot ist quasi ein Konto, in dem die ETFs aufbewahrt werden. Zu den meisten Depots gehört auch ein Verrechnungskonto, auf dem das Geld liegt, das investiert werden soll. Auf dem Verrechnungskonto landen auch die Dividenden von deinen ETFs

Warum nicht jede Person ETFs nutzt

Du fragst dich sicherlich, wenn ETFs doch so viele Vorteile bieten, warum nutzt dann nicht einfach jede Person sie, um sich vor der Inflation zu schützen? Die Gründe sind vielfältig. Der Hauptgrund liegt in der Unwissenheit. Wenn du auf die Straße gehen würdest, um Passanten zu fragen, was ETFs sind, dann würde es wahrscheinlich nur eine von zehn Personen wissen. Finanzwissen wird in der Schule nicht gelehrt, sodass viele Menschen in dem Bereich ahnungslos sind. Gleichzeitig zeigen sie aber auch keine Bereitschaft, sich in der Freizeit damit zu beschäftigen. Das Geld wird lieber ausgegeben, statt über die Altersvorsorge nachzudenken. Oder aber sie gehen tatsächlich einfach zum

Bankberater und lassen sich einen Investmentfonds aufschwatzen. Des Weiteren wird für die Anlage in ETFs ein langer Anlagehorizont empfohlen. Nicht jede Person hat einen Anlagehorizont von über zehn Jahren. Oftmals wird befürchtet, dass das Geld schon früher benötigt wird. Auch das ist ein Grund dafür, dass viele Menschen lieber das Geld auf dem Tagesgeldkonto schmelzen lassen.

Warum unsere Eltern nicht in ETFs investieren und stattdessen zum Bankberater gehen

Unsere Eltern sind in einer Zeit aufgewachsen, in der sich das traditionelle Sparen noch gelohnt hat. Vor einigen Jahren war das klassische Sparbuch ein attraktiver Renditegeber. 1980 lag der durchschnittliche Zins auf Spareinlagen noch bei 4,6%. Davon können wir heute nur träumen. Heutzutage müssen wir schon froh sein, wenn wir überhaupt noch eine positive Rendite auf unser Sparbuch bekommen. In der Regel liegt der aktuelle Zins eher bei +/- 0%.

Unsere Eltern investieren also nicht in ETFs, weil sie sich an das klassische Sparbuch, bzw. an das Tagesgeldkonto gewöhnt haben. Sie sind seit Jahren bei der gleichen Bank und kennen die Person am Geldschalter persönlich. Sie sind der Meinung, dass Service auch gerne Rendite kosten darf und genießen den Kontakt zu anderen Menschen und das meist jahrelang aufgebaute Vertrauen zur Bank. Daher gehen sie lieber zu einem Bankberater, den sie vermeintlich persönlich kennen. Dort bekommen sie einen Kaffee und werden freundlich begrüßt. Hier fühlen sie sich gut aufgehoben und geborgen. Häufig kennen sie den Bankberater seit vielen Jahren und weil der Bankberater die Performance immer gut darzustellen weiß, sind sie auch zufrieden damit. Wenn es ein gutes Jahr für die Finanzprodukte war, dann wird gerne auf die positive Rendite hingewiesen. Dass aber im gleichen Zeitraum beispielsweise ETFs viel erfolgreicher waren, wird verschwiegen. Und wenn das verkaufte Finanzprodukt schlecht abgeschnitten hat, dann wird es einfach mit noch schlechteren Produkten verglichen. Bankberater betreiben hervorragendes Marketing, wenn es um ihre Arbeit geht. Die Berater haben zu unseren Eltern ein so inniges Verhältnis aufgebaut, dass die Arbeit gar nicht hinterfragt wird. Sie werden mittlerweile darauf geschult, ein derartiges Verhältnis aufzubauen. Daher wird beispielsweise nach dem Wohlbefinden der Familie gefragt, um eine persönliche Beziehung herzustellen.

Ein weiterer Faktor kann sein, dass unsere Eltern sich auf die schönen Sachen der Welt konzentrieren wollen. Sie wollen keine Zeit verschwenden, sich mit der mühsamen Analyse von Finanzprodukten zu beschäftigen. Außerdem wird in Deutschland nur sehr wenig über die privaten Finanzen gesprochen. Nur die Wenigsten sprechen offen über ihr Gehalt, geschweige denn über das Gesamtvermögen. Und am Stammtisch wird lieber über Fußball und Politik diskutiert, als über Finanzen. In anderen Ländern ist die finanzielle Bildung viel ausgeprägter. Die Menschen haben Spaß daran, sich über Geld und Finanzen auszutauschen. Doch unsere Eltern schlafen tatsächlich noch immer ruhiger, wenn sie wissen, dass eine Person stetig auf das eigene Geld schaut. Ob das Geld dabei auf optimalste Weise angelegt ist, spielt da nicht die wichtigste Rolle. Sie wollen lieber gefühlt schnell und unkompliziert an das Geld herankommen und erst gar kein Risiko eingehen.

Eine andere Person um das eigene Geld kümmern lassen ist auch viel bequemer. Häufig werden die dafür anfallenden Kosten gar nicht transparent dargelegt, sodass unsere Eltern tatsächlich glauben, dass sie einen super Deal abgeschlossen haben.
Als weiteren Punkt bleibt die vermeintliche Komplexität von ETFs zu nennen. Mit einem Investmentfonds können unsere Eltern im Durchschnitt mehr anfangen, als mit einem Exchange Traded Fund. Sie können die Nachteile von Investmentfonds nicht korrekt einschätzen, weil sie darüber nicht aufgeklärt werden. Die Aufklärung kann nur von Freunden oder Familienangehörigen kommen. Doch mit den Freunden wird ja schließlich nicht über Geld gesprochen und die Kinder orientieren sich im Bereich Finanzen häufig an das Verhalten der Eltern. Wie soll es so zu einem Sinneswandel kommen? Umso besser, dass du gerade dabei bist, dir das notwendige Wissen anzueignen, damit du es an Freunde und Familie weitergeben kannst!
Ein weiterer Grund ist sicherlich der Faktor Zeit. Unsere Eltern stehen meist voll im Berufsleben und haben kaum Zeit und Lust, sich in Sachen wie ETFs einzulesen. Die Stunden Freizeit, die sie besitzen, wollen sie lieber im Garten oder mit Freunden verbringen. Es fehlt also die Motivation, sich tiefergehend zu informieren. Häufig informieren sich die Menschen erst dann, wenn es höchste Priorität hat. Höchste Priorität hat es meistens erst, wenn es finanziell düster aussieht. Das ist häufig in den frühen Lebensjahren der Fall. Und vielleicht haben sich deine Eltern in ihren 30ern über attraktive Geldanlagemöglichkeiten informiert und haben sich bewusst dem

Sparkonto zugewendet, was früher schließlich keine schlechte Entscheidung war.
Außerdem könnten deine Eltern mit der T-Aktie schlechte Erfahrungen gemacht haben. Im Jahr 1996 wurde die Telekom-Aktie als Volksaktie promotet, sodass sogar Manfred Krug dafür in einer sehr seriösen Werbekampagne warb. Es begann eine Aktieneuphorie, wie sie in Deutschland noch nie vorhanden war. Im März 2000 notierte die Telekom-Aktie bei über 103 Euro. Im Juni 2000 verkaufte der Bund schließlich 200 Millionen T-Aktien. Es folgen überteuerte Firmenzukäufe und fehlerhafte Unternehmensstrategien, sodass die Telekom-Aktie im Juni 2002 bei nur noch 8,16 Euro lag. Viele Privatanleger hatten sich mit der Aktie die Finger verbrannt, sodass seitdem bei vielen Menschen dieser Generation Angst -oder zumindest große Verunsicherung- vor der Börse herrscht.

ARTEN VON ETFS

- **Ausschüttend oder thesaurierend**

Ein wichtiges Unterscheidungsmerkmal bei ETFs ist, ob ein ETF ausschüttend oder thesaurierend ist. Während ausschüttende ETFs die erhaltenen Dividenden an dich als Aktionär auszahlen, behält der thesaurierende ETF den Geldstrom ein und reinvestiert das Geld.

Wenn du dir mithilfe von ETFs ein passives Einkommen aufbauen möchtest, dann solltest du auf ausschüttende ETFs setzen. Diese können dir einen regelmäßigen Cashflow bieten, indem du regelmäßig den Gewinn auf dein Verrechnungskonto überwiesen bekommst. Bei einer hohen Sparrate kannst du so eventuell eher in Rente gehen oder die Arbeitszeit auf eine Vier-Tages-Woche reduzieren. Falls du aber bereits einen hohen Betrag in ausschüttende ETFs investiert hast und du zu der Entscheidung kommst, dass du auch noch andere Anlageklassen in dein Portfolio aufnehmen möchtest, dann kann ebenfalls ein ausschüttender ETF sinnvoll sein, indem du von den Ausschüttungen andere Anlageklassen besparst.

Wenn du das Geld aber aktuell nicht ausgezahlt bekommen möchtest, weil du auf einen langfristigen Vermögensaufbau hoffst, dann ist ein thesaurierender ETF sinnvoll. Ein thesaurierender ETF hat den Vorteil, dass deine Gewinne direkt wieder angelegt werden und sich der Zinseszinseffekt so enorm entwickeln kann.

Erkennen kannst du die Art des Index im Namen. Ein ausschüttender ETF, in Englisch „distributing etf", hat im Namen das Kürzel „D", „Dis" oder „Dist" stehen.

Ein thesaurierender ETF, in Englisch „accumulating“, hat die Abkürzung „C“ oder „Acc“ im Namen stehen.

- **Nach der Geografie**

ETFs lassen sich ebenfalls nach der Geografie unterscheiden. Die geografische Aufteilung kann nach Ländern oder Kontinenten geschehen. Ein Länder-ETF könnte beispielsweise auf Deutschland spezialisiert sein. Ein ETF auf den DAX ist zum Beispiel ein Deutschland-ETF. Mit dem DAX hättest du geografisch Deutschland abgebildet. Ein gut diversifiziertes Portfolio hättest du damit aber noch lange nicht. Dafür würdest du auch ETFs von anderen Ländern benötigen. Du kannst es dir aber auch leichter machen und einen Kontinent-ETF kaufen. Bei einem Europa-ETF hättest du Firmen aus ganz Europa in deinem Depot. Somit hättest du eine deutliche Verbesserung bei der geografischen Diversifikation (Aufteilung) erreicht.

- **Nach der Branche**

Es gibt auch ETFs, die sich auf bestimmte Branchen spezialisiert haben und somit weltweit Firmen im Portfolio haben, die sich mit der gleichen Thematik befassen. Zum Beispiel ETFs, die nur Firmen abbilden, die den Schwerpunkt auf die Entwicklung auf „künstliche Intelligenz“ haben oder „Pharma-Industrie“ oder „Automobil-Industrie“. Oft wird dabei nochmal zwischen verschiedenen geographischen Märkten unterschieden, zum Beispiel „weltweit“, „asiatischer Markt“ oder „europäischer Markt“.

- **Physische und synthetische ETFs**

Weiterhin werden ETFs unterteilt in physische und synthetische ETFs. Im Zusammenhang mit physischen ETFs wird auch von Vollreplikation gesprochen, was bedeutet, dass der Index 1 zu 1 nachgebildet wird. Wenn wir beim Beispiel mit dem DAX bleiben, dann werden bei einem physisch replizierenden ETF die Unternehmen des DAX entsprechend ihrer jeweiligen Gewichtung im DAX erworben. Dieses Vorgehen ist bei Indexen, die aus vergleichsweise wenigen Aktien bestehen, möglich. Stellen wir uns aber den MSCI World vor, in dem sich mehr als 1.600 Aktien befinden, dann wird eine detailgetreue Abbildung schwierig, wenn nicht sogar unmöglich. Stattdessen wird die Teilreplikation angewandt, indem nur bestimmte Unternehmensanteile erworben werden. Statt der 1.600 Aktien werden nur die Aktien erworben, die einen entscheidenden Einfluss auf die Performance einnehmen. Das kann zu kleineren Abweichungen im Vergleich zum eigentlichen Index führen. Diese Abweichung wird in Fachkreisen auch „Tracking Error" genannt. Grundsätzlich solltest du dir klar machen, dass eine physische Nachbildung aufwendiger und somit teurer ist.

Die Alternative ist der synthetisch replizierende ETF. In diesem Fall enthält der ETF die Werte des Indizes nicht. Die Kursentwicklung wird lediglich über Derivate abgebildet. Mit sogenannten Swaps kann die Performance des Indizes abgebildet werden. Als Swap-Partner tritt eine Investmentbank ein. Fondsgesellschaften haben durch die Swap-basierte Lösung die Möglichkeit, den angestrebten Index viel detaillierter abzubilden. Der Tracking Error wird dabei bis auf ein Minimum verkleinert. Allerdings solltest du das Kontrahentenrisiko nicht unterschätzen, das bedeutet, wenn der Swap-Partner, also die Bank, insolvent gehen sollte, dann könnte das Auswirkungen auf den ETF haben. Die OGAW-Richtlinie (Organismen für gemeinsame Anlagen in Wertpapieren) schreibt vor, dass das Kontrahentenrisiko niemals größer als 10% sein darf. Das bedeutet im Umkehrschluss: 90% deiner ETF-Anlagesumme sind vom Kontrahentenrisiko unbeeinflusst. Auf der anderen Seite sind synthetische ETFs präziser als die physischen und gleichzeitig günstiger, da nicht alle Unternehmen des Indizes separat gekauft werden müssen.

- **Megatrends**

ETFs eignen sich hervorragend, um sogenannte Megatrends abzubilden. Megatrends gibt es viele, doch nur bei den wenigsten Trends ist im Vorfeld absehbar, welches Unternehmen sich durchsetzen wird. Das große Geld wird meist nur dann verdient, wenn auf den zukünftigen Primus gesetzt wurde. Der ETF eines Megatrends bietet den Vorteil, dass die Wahrscheinlichkeit ansteigt, dass du das richtige Pferd im Stall hast. Dadurch, dass im ETF zahlreiche Firmen enthalten sind, ist die Wahrscheinlichkeit hoch, dass du den zukünftigen Primus der Branche im ETF enthalten hast. Megatrends gibt es Zahlreiche! Durch die Globalisierung, Digitalisierung und Automatisierung ergibt sich neuartiges Wirtschaftswachstum, das eine immer größere Rolle einnimmt.

In der Industrie kommen schon heute vermehrt Roboter zum Einsatz, weil Roboter fehlerfrei und ohne Pausen arbeiten können. Einmal eingerichtet, kosten Roboter auch weniger als normale Arbeitskräfte. Doch nicht nur die klassische Industrie wird vermehrt von Robotern eingenommen. Auch der Dienstleistungssektor steht vor einer Revolution. Künstliche Intelligenz lautet das Zauberwort. Die Unternehmensberatung McKinsey hat die zukünftige Bedeutung von Automatisierung analysiert und kam zu dem Ergebnis, dass in naher Zukunft in 60% der Unternehmen mindestens 30% der Hauptaufgaben automatisiert sein werden. Und auch wenn die Börsengurus sich über die zukünftige Bedeutung der Themen Digitalisierung und Automatisierung einig sind, herrscht keine Einigkeit über den Branchenführer. Um Megatrends abzudecken, eignen sich ETFs daher hervorragend.

Ein zentrales Thema, das in jedem größeren Unternehmen auf der Tagesordnung steht, ist die Cyber-Sicherheit. Aufgrund der zunehmenden Digitalisierung sind die Unternehmen gezwungen, verstärkt in die Cyber-Sicherheit zu investieren. Die wichtigsten Prozesse innerhalb von Unternehmen finden zentral über Computer statt. Die Daten liegen auf den Netzwerken der Computer. Unternehmen versuchen alles, um die sensiblen Daten vor Eindringlingen zu schützen. Die Digitalisierung ist richtig und wichtig, aber nur unter Einhaltung von Sicherheitsstandards. Wenn die Konkurrenz ohne Probleme an die Daten des Unternehmens kommt, kann es zu wirtschaftlichen Schäden kommen. Infrastrukturanbieter kümmern sich um die Cyber-Sicherheit. Und dennoch kommt es

immer wieder zu besorgniserregenden Vorfällen. Erst vor kurzem wurde der Smartwatch-Hersteller Garmin gehackt. Die Folge waren massive Serverausfälle und aufgebrachte Kunden. Die zahlreichen Kunden hatten Bedenken um ihr erworbenes Produkt und ob die Daten sicher seien. Damit Garmin wieder Zugriff auf ihre eigenen Daten bekam, musste das Unternehmen 10 Millionen US-Dollars bezahlen. Garmin blieb keine Wahl, denn weder Telefon, Mail noch Chat funktionierten. Laut Unternehmensaussage wurden keinerlei Daten geklaut, doch was soll das Unternehmen auch anderes sagen. Das Beispiel sollte lediglich präsentieren, wie wichtig eine robuste Cyber-Security ist. – Ein absoluter Megatrend.
Ein in der Automobilbranche vorzufindender Trend ist die Elektromobilität. Das Thema nachhaltiges Fahren tritt in den Vordergrund. Der aktuelle Primus im Bereich der E-Mobilität ist sicherlich Tesla. Doch die großen Automobilriesen rüsten kostenintensiv nach, um das Rennen doch noch für sich entscheiden zu können. Mit einem ETF in diesem Bereich kannst du das Rennen entspannt genießen, weil du Anteile an allen Firmen besitzt. Neben der E-Mobilität gibt es aber auch noch das Trendthema des automatisierten Fahrens. In der Zukunft sollen die Autos unfallfrei ohne Fahrer fahren, indem sie durch GPS gesteuert werden. Diese Technologie ist zwar noch in den Kinderschuhen, aber einige Firmen arbeiten bereits mit Hochdruck an dieser Technologie. Der Technologieriese Alphabet ist eine herausragende Größe in diesem Sektor. Mit einem ETF wie dem „Future Mobility“ hast du die Chance, bei dem Megatrend dabei zu sein.

Ein weiterer Megatrend ist die künstliche Intelligenz. Doch betrachten wir die künstliche Intelligenz genauer, fällt auf, dass es kein Trend der Zukunft ist. Wir leben bereits mit der neuen Intelligenz. Die Gesichtserkennung ist ein klassisches Beispiel. Viele Handys können unter tausenden von Bildern die Bilder rauspicken, auf denen wir uns befinden. Wir können unser Smartphone mithilfe unseres Gesichts entsperren und in Zukunft soll die künstliche Intelligenz auch auf Emotionen reagieren können. Die künstliche Intelligenz könnte dann beispielsweise bei der Urlaubsberatung eingesetzt werden, indem es auf die Aussagen und Emotionen des Kunden reagiert und in Sekundenschnelle passende Angebote präsentiert. Die Anwendungsgebiete sind unzählig.
Ein Trend, der schon seit vielen Jahren anhält, ist die wachsende und vor allem alternde Bevölkerung. Die Versorgung wird immer besser, wodurch die Bevölkerung immer älter wird und gleichzeitig werden in Deutschland weniger Kinder geboren. Dieses Phänomen hat nicht nur Auswirkungen auf das Rentensystem, sondern auch auf die Arbeitswelt. Gerade die Gesundheitsbranche wird von dieser Entwicklung profitieren. Schon jetzt werden Pflegeplätze rar und diese Situation wird sich aufgrund der Urbanisierung noch verstärken. Immer mehr Menschen ziehen in die Großstadt, sodass der Platz zum Leben in der Stadt noch rarer wird. Neben Krankenhausbetreibern werden auch Altersheime von dieser Entwicklung profitieren.
Ein weiterer Megatrend ist das Wasser. In vielen Ländern gibt es einen Wassermangel und die Wasseraufbe-

reitung ist mit hohen Kosten verbunden. Die Leute verschwenden immer mehr Wasser und sind dadurch zwangsläufig in ein paar Jahren auf eine nachhaltige Wasseraufbereitung angewiesen. Mit nachhaltigen ETFs kannst du außerdem in die flächenweite Versorgung investieren, indem du ETFs kaufst, in denen Unternehmen enthalten sind, die an einer besseren Wasserversorgung arbeiten.
Nicht zu unterschätzen ist das Wachstumspotenzial von Schwellenländern. In Asien und den Schwellenländern entsteht ein wahnsinniger Fortschritt, sodass bis 2050 bereits sechs der heutigen Schwellenländer unter den sieben größten Volkswirtschaften der Welt zählen werden. Eine Beimischung der Emerging Markets scheint daher sinnvoll. Mithilfe von ETFs musst du dich nicht über alle Unternehmen der Schwellenländer informieren, du kannst mit einem Index ganz entspannt dabei sein.

- **Strategien**

Falls du dich bereits mit Anlagestrategien auseinandergesetzt hast und dich fragst, ob du diese auch beim ETF anwenden kannst, dann kommt jetzt die gute Nachricht: Yes you can! Wahrscheinlich hast du schon einmal von Warren Buffett gehört, einem der reichsten Männer der Welt. Er hat die berühmte Strategie des „Value Investings" erfunden. Hinter dieser Strategie steht die Idee, dass Unternehmen dann gute Investmentmöglichkeiten sind, wenn sie unterbewertet sind. Buffett versucht einen Euro für nur knapp 70 Cent zu kaufen, weil er fest davon ausgeht, dass die Unternehmen schon sehr bald wieder zu ihrem fairen Wert zurückkehren. Warren Buffett führt sein Unternehmen Berkshire Hathaway noch immer sehr erfolgreich, obwohl er bereits knappe 90 Jahre alt ist. Doch der Erfolg spricht für sich. Das Investmentunternehmen konnte über viele Jahre hinweg eine Outperformance erzielen. Eine Strategie mit einem anderen Fokus ist die Wachstumsstrategie. Bei dieser werden Unternehmen gesucht, die ein sehr hohes Wachstum aufweisen. Darunter kannst du dir Unternehmen wie Facebook, PayPal, Amazon oder auch Tesla vorstellen. Während die Value Werte meist den Gewinn an die Anteilseigner ausschütten, wird der Gewinn bei den Wachstumsaktien komplett reinvestiert, damit das Unternehmen noch stärker wächst. Wenn dir ein hoher passiver Geldstrom wichtig ist, dann kannst du deinen Fokus auch auf Hochdividendenwerte legen. Damit sind Unternehmen gemeint, die eine Dividendenrendite von über 5% haben. Üblicherweise weisen diese Unternehmen allerdings geringere Wachstumschancen auf.

- **Renten ETFs**

Bisher lag der Fokus vorwiegend auf Aktien, wenn wir über ETFs gesprochen haben. Doch es gibt auch sogenannte Renten ETFs, auch Anleihen ETFs genannt. Anstelle von Aktien enthält der ETF Anleihen und anstelle eines Aktienindexes wird ein Rentenindex abgebildet. Über die Wichtigkeit der Diversifikation haben wir bereits gesprochen und deshalb solltest du auch über Anlageklassen hinweg diversifizieren. Anleihen weisen erfahrungsgemäß geringere Schwankungen als Aktien auf, bieten dafür allerdings auch eine geringere Rendite. Doch insgesamt kann das Risiko des Gesamtportfolios reduziert werden. Außerdem solltest du bedenken, dass Anleihen im Falle einer Insolvenz eines Unternehmens rechtlich anders gehandhabt werden als Aktien. Als Aktionär wirst du Anteilseigner, bist also Eigentümer des Unternehmens. Als Anleihen-Halter hast du im Falle einer Insolvenz das Recht, vor den Aktionären bedient zu werden. Das also noch verfügbare Vermögen des insolventen Unternehmens wird zuerst an die Anleihen-Besitzer verteilt, ehe die Aktionäre Geld bekommen.

- **Rohstoffe und Edelmetalle**

Neben Aktien und Anleihen gibt es noch Rohstoffe und Edelmetalle. Mithilfe von Rohstoff-ETFs kannst du dein Gesamtportfolio weiter diversifizieren. Ein klassisches Edelmetall ist Gold, das auch als Krisenwährung bezeichnet wird. Silber wäre ein weiteres Beispiel. Diese gewinnen meist dann an Wert, wenn Aktien an Kurs verlieren, sodass beide Anlageklassen wenig miteinander korrelieren, was wiederum für die Diversifikation vorteilhaft ist.

- **Gehebelte ETFs**

Wenn dir die bisher genannten ETFs zu langweilig sind, dann könnte ein gehebelter ETF etwas für dich sein. Dieser ist allerdings vorwiegend etwas für erfahrene Anleger und sollte mit Vorsicht gehandelt werden. Gehebelte ETFs werden in Fachkreisen auch „Leveraged ETFs“ genannt. Der Hebel hat Auswirkungen auf die Performance. Wenn du dir beispielsweise einen zweifach gehebelten ETF kaufst und der zugrundeliegende Index um 10% steigt, dann steigt die Performance deines

ETFs um 20%. Was auf den ersten Blick verlockend klingt, birgt aber auch Gefahren, denn der Hebel besitzt für beide Richtungen seine Gültigkeit. Das bedeutet, wenn der Index plötzlich um 20% sinkt, dann sinkt dein Depotwert um 40%. Daher eignen sich gehebelte ETFs eher zum Zocken, anstatt für die langfristige Geldanlage. Besonders kritisch wird die Wirkung bei großen Hebeln. Das gleicht schon eher dem Zocken im Casino.

Bedeutende Indizes

Durch die steigende Beliebtheit von ETFs steigt auch die Anzahl der zugrundeliegenden Indizes. Privatanleger können aus mittlerweile über 265 Indizes den für sie Passenden herausfiltern. Über den in Deutschland bekanntesten Index haben wir bereits gesprochen: Der DAX enthält die nach der Marktkapitalisierung 30 größten, an der Börse gelisteten Unternehmen. Im DAX befinden sich die großen Player zahlreicher Branchen, wie Adidas, BASF, Bayer, Deutsche Post oder auch die Münchener Rück Versicherung.

Unter der ersten deutschen Börsenliga gibt es aber auch noch weitere, wie der MDAX. Im MDAX sind mittelgroße Unternehmen enthalten, die es von der Größe nicht in den DAX geschafft haben. Im MDAX befinden sich insgesamt 60 Unternehmen. Unter den Unternehmen befinden sich Firmen wie Airbus, Hugo Boss oder Fraport. Eingeführt wurde der MDAX im Jahr 1996.

Die dritte deutsche Börsenliga bildet der SDAX. Der SDAX wurde drei Jahre später als der MDAX gegründet und umfasst die sogenannten Small Caps, also eher die kleineren Unternehmen. Enthalten sind 70 Unternehmen, die von der Marktkapitalisierung und vom Handelsvolumen zu klein für den MDAX sind. Darunter befinden sich Aktien der Firmen Deutz AG, Borussia Dortmund und die Autovermietung SIXT. Interessant zu wissen ist an dieser Stelle auch, dass die kleineren Unternehmen im Schnitt eine bessere Performance, als die großen Konzerne aufweisen. Ein Grund dafür liegt darin, dass kleinere Unternehmen häufig noch im Familienbesitz liegen und sie dadurch einer längerfristigen Strategie nachgehen können. Ein in Deutschland ebenfalls beliebter Index ist der TecDAX. Dieser Index ist noch verhältnismäßig jung und wurde erst im Jahr 2003 eingeführt. Enthalten sind die 30 größten deutschen Technologiewerte. Hier findest du bekannte Unternehmen wie XING, die Deutsche Telekom AG oder auch SAP. Gewöhnlich schwankt dieser Index stärker als andere, bringt aber auf Dauer auch eine höhere Rendite mit sich.

Wenn wir die deutsche Brille ablegen und uns auf die bekanntesten Indizes weltweit konzentrieren, kommen wir an den USA nicht vorbei. Der Dow-Jones-Index, auch Dow Jones Industrial Average genannt, enthält die 30 größten Unternehmen der USA. In dem Index sind besonders Apple, UnitedHealth und Goldman Sachs stark gewichtet. Als Frühindikator für die amerikanische Wirtschaft gilt der Dow Jones Transportation Average. In dem Index wirst du vorwiegend Flug-, Schiff- und Bahngesellschaften finden. Diese Transportbranchen bekommen es meistens als Erstes zu spüren, wenn die Wirtschaftsleistung nachlässt und die Unternehmen das Geld lieber horten, anstatt zu investieren.

Der Dow Jones Utility Average beinhaltet die 15 größten amerikanischen Versorgungsunternehmen. Den Index gibt es schon fast 100 Jahre (Entstehung im Jahr 1929). Wenn du nun sagst, du findest alle drei vorgestellten Bereiche interessant, dann kannst du einfachheitshalber auch einfach den Dow Jones Composite Average Index erwerben, mit dem du Anteile an den 65 wichtigsten Firmen der USA erhältst.
Wenn du die Zukunft in der Technologie siehst, dann kannst du mit dem NASDAQ-100 den Fokus auf Technologiefirmen legen. In dem Index befinden sich die 100 wertvollsten Tech-Firmen. Darunter befinden sich Giganten wie Amazon, Apple, Tesla, Alphabet und PayPal. Falls es ein wenig mehr Diversifikation sein darf, dann kannst du dir den Russell 1000 Index anschauen. Damit erwirbst du Anteile an 1000 Firmen mit der höchsten Marktkapitalisierung. Im Russell 2000 sind über 2000 Nebenwerte enthalten. Falls du nicht nur große, aber auch nicht nur kleine Werte besitzen möchtest, erhältst du mit dem Russell 3000 beide Arten in Einem. Während die Russell-Indizes vorwiegend in den USA bekannt sind, sind die S&P-Indizes auch weltweit beliebt. Der S&P 100 enthält die 100 Unternehmen der USA mit der größten Marktkapitalisierung. Firmen wie McDonalds, Netflix und Walt Disney wirst du in dem Index wiederfinden. Entsprechend kannst du mit dem S&P 500 Anteile an über 500 Unternehmen der USA erwerben.
Neben den Industrienationen solltest du in deinem diversifizierten Portfolio die Schwellenländer nicht vergessen. Ein nicht zu unterschätzender Kontinent ist Asien. Asien definiert sich durch ein enormes Wirtschaftswachstum,

mit dem es schon bald die großen Industrienationen angreifen könnte. Experten prognostizieren bereits jetzt, dass China schon bald die USA als größte Wirtschaftsmacht ablösen könnte. Auch du solltest China auf dem Schirm haben. Der China Securities Index 300 enthält die 300 größten Unternehmen Chinas. Mit dem Shanghai Stock Exchange 50 erhältst du Anteile an den wichtigsten 50 Firmen der Börse Shanghai.
Der berühmteste Index Indiens ist der BSE Sensex. Damit bekommst du Anteile an den größten 30 Unternehmen der Mumbaier Börse. Wenn du glaubst, dass Japan beim wirtschaftlichen Fortschritt die Führung einnehmen wird, dann konzentriere dich auf den Nikkei 225. Dieser japanische Leitindex enthält die 225 bedeutendsten Unternehmen Japans. Darunter viele bekannte Firmen wie Nikon, Konami, Yamaha und Softbank. Auch die Türkei hat mit dem ISE 100 ihren eigenen Index. Einer der bekannteren Firmen darunter ist die Brauerei Efes.
Während die meisten Privatanleger asiatische Firmen auf dem Schirm haben, werden die afrikanischen Unternehmen übersehen. Mit dem S&P Africa 40 Index kannst du auch diesen Bereich abdecken. Selbst die einzelnen afrikanischen Länder haben ihren eigenen Index. Mit dem EGX 30 Index kann der Fokus beispielsweise auf Ägypten gelegt werden. Ähnliche Indizes gibt es für Marokko, Ghana, Algerien, Kenia, Nigeria, Ruanda, Simbabwe, Südafrika und Tunesien. Neben Afrika enthält auch Südamerika viele Schwellenländer, die nur selten im Fokus von Privatanlegern stehen. Dabei bedeutet Wachstumspotenzial auch häufig Rendite. Mit dem argentinischen Aktienindex MERVAL erwirbst du Anteile

an den 17 bedeutendsten Firmen Argentiniens. 71 Unternehmen befinden sich im brasilianischen Index Bovespa-Index.

Welche Aspekte sind bei der Auswahl eines Depots wichtig?

Zu Beginn jeder Investmentkarriere steht die Auswahl eines geeigneten Depots. Bei der Depotauswahl solltest du die folgenden drei Aspekte im Hinterkopf behalten:

- **Produktauswahl**

Mit der Produktauswahl ist das Handelsangebot des Brokers gemeint. Du solltest bei der Depotauswahl darauf achten, dass der Anbieter auch die von dir gewünschten ETFs anbietet, denn nicht jeder Broker bietet alle ETFs an. Auch Broker haben verschiedene Schwerpunkte. Während die einen Depotanbieter ihren Fokus auf Aktien haben, haben andere wiederum das Produktangebot auf ETFs ausgerichtet. Des Weiteren solltest du dir Gedanken darüber machen, ob Sparpläne für dich wichtig sind, oder nicht. Wenn du nur eine einmalige Geldanlage tätigen möchtest, dann spielen die Kosten eines Sparplans für dich eine untergeordnete Rolle. Wenn du deinen ETF jedoch regelmäßig besparen möchtest, lohnt es sich zu schauen, wo ein Sparplan derzeit am günstigsten ist.

- **Gebühren und Kosten**

Die meisten Broker nehmen mittlerweile keine klassischen Depotgebühren mehr. Doch einige Depots sind nur dann kostenfrei, wenn monatlich ein gewisser Geldbetrag auf das Konto fließt. Daher solltest du dir über die Gebühren im Vorfeld Gedanken machen. Außerdem fallen noch Ordergebühren an. Diese ist üblicherweise beim Kauf oder Verkauf eines ETFs fällig. Die Ordergebühren können je nach Anbieter zwischen einem Euro und zwanzig Euro schwanken. Je nach investiertem Kapital können diese Kosten die Performance erheblich schmälern. Des Weiteren gibt es noch die versteckten Gebühren, wenn beispielsweise Dividenden gezahlt werden, kann eine Bearbeitungsgebühr entstehen. Während die zukünftige Rendite von vielen Faktoren abhängig ist, kannst du die Kosten hingegen aktiv minimieren. Deswegen solltest du diesen zweiten Punkt ebenfalls nicht vernachlässigen. Wenn du jedoch eine langfristige Geldanlage planst, sollte dir auch bewusst sein, dass das Kostenmodell des Brokers sich über die Jahre sicherlich noch mehrfach ändern wird und du das heute noch gar nicht abschätzen kannst. Daher sollte die Sorge um die Kosten dich nicht von einer Entscheidung abhalten. Am Ende ist es immer die richtige Entscheidung, Geld anzulegen anstelle es aus Kostenängsten auf dem Sparbuch liegen zu lassen.

- **Kundenservice und Handling**

Unter die Kategorie Kundenservice fallen Aspekte wie Serviceverfügbarkeit, Servicegeschwindigkeit und Übersichtlichkeit der Webseite. Gerade am Anfang werden der Kundenservice und das Handling eines Anbieters besonders wichtig sein. Während viele Kunden heutzutage lieber chatten als telefonieren, bleibt für andere die E-Mail das Kommunikationsmittel Nummer 1. Bei den meisten Anbietern bekommst du innerhalb eines Tages eine adäquate Antwort. Andere Anbieter hingegen garantieren diese Schnelligkeit nicht. Als Anfänger möchtest du natürlich eine Webseite, die möglichst selbsterklärend ist. Du möchtest dich möglichst intuitiv zurechtfinden und nicht bei jeder Frage den Kundenservice kontaktieren müssen. Wie wichtig dir die einzelnen genannten Punkte sind, musst du dir in Ruhe überlegen. Es gibt nicht DEN perfekten Depotanbieter für jede Person. Ansonsten gäbe es zwangsläufig irgendwann nur noch diesen einen Anbieter. Stattdessen werden immer noch neue Depotanbieter gegründet, die verstärkten Wettbewerb in den Markt bringen. Die meisten Anbieter können nur zwei der drei Aspekte erfüllen.

Depotvergleich im Hinblick auf ETF-Anlage

Der nachfolgende Depotvergleich bezieht sich auf die Analyse von JUSTETF. Das Magazin hat einen ETF Sparplan-Test durchgeführt und sich neben der Kostenstruktur auch die Sparplan-Anzahl angeschaut. In dem Test wurden die folgenden Anbieter einbezogen: Scalable Capital, Flatex, 1822direkt, DKB, ING, Comdirect, Sbroker, Smartbroker, Consorsbank, Trade Republic, Deutsche Bank maxblue, onvista bank, Postbank und die Targobank.

- **Produktauswahl**

Bei der Produktauswahl landet Scalable Capital auf dem ersten Rang. Dieser Anbieter hat über 1238 ETF Sparpläne im Angebot. Auf dem zweiten Platz folgt Flatex mit knapp 1025 Sparplänen. Auf Rang 3 reiht sich 1822direkt mit 826 ETFs ein. Alle anderen Anbieter haben bis auf einer über 100 ETFs zur Auswahl. Die Targobank kann da mit seinen 90 ETFs nicht mithalten.

- **Gebühren und Kosten**

Scalable Capital, bei der Produktauswahl noch auf dem ersten Platz, landet beim Gebühren Ranking auf Platz drei. Wird eine Sparrate von 500 Euro genommen, so zahlst du bei Scalable lediglich 99 Cent pro Sparrate. Der Anbieter bietet allerdings auch einen Sparplan komplett kostenlos an. Eine Depotgebühr fällt nicht an.

Auf dem zweiten Platz landet die Postbank, bei der du für einen 500 Euro Sparplan lediglich 90 Cent zahlst. Außerdem hast du die Möglichkeit, einer der acht Aktionssparpläne zu besparen und keinen Cent zu bezahlen.
Noch besser sieht es bei Trade Republic aus. Dort zahlst du weder eine Depotgebühr, noch Ordergebühren. Bei einer Sparrate von 500 Euro zahlst du somit keinen einzigen Cent. Trade Republic ist in dieser Kategorie unangefochten auf der Nummer eins. Dabei spielt es keine Rolle, welche Sparrate du dir vornimmst, bei Trade Republic kommst du immer am Günstigsten weg (Stand 2021). Allerdings lässt sich dieser Broker nur über das Handy bedienen und nicht über einen Desktop Computer. Ob dir das reicht, musst du selbst entscheiden.
Die Ränge ab dem zweiten Platz variieren allerdings je nach Höhe der Sparrate, weil viele Broker die Gebühren nach einem bestimmten Prozentsatz der Sparrate berechnen. Bei einer Sparrate von 50 Euro landet die Deutsche Bank maxblue auf dem zweiten Platz, weil du dann lediglich 63 Cent für die Ausführung des Sparplans zahlst. Auf Rang drei würde die comdirect mit Kosten in Höhe von 75 Cent landen. Um die Gebühren und Kosten adäquat einschätzen zu können, solltest du dir im Vorfeld Gedanken darüber machen, wieviel Geld du monatlich zur Seite legen kannst und möchtest. Versuche dich dabei immer selbst zuerst zu bezahlen. Damit ist gemeint, dass, sobald du dein Geld auf dein Konto erhältst, du das Geld zum Investieren direkt auf dein Depot überweist und erst dann von dem restlichen verfügbaren Geld lebst.

- **Kundenservice und Handling**

Während die großen Depotanbieter wie die Deutsche Bank, comdirect oder auch die Consorsbank einen hervorragenden Service bieten, weil sie neben Chatfunktionen auch einen telefonischen Kundendienst bieten, fällt der Service bei kleineren oder günstigeren Anbietern oft schlechter aus. Bestes Beispiel ist Trade Republic. Der Anbieter ist vor allem deshalb so günstig, weil an anderen Ecken, wie beispielsweise dem Kundenservice, gespart wird. Das Unternehmen ist allerdings auch erst seit 2015 am Markt. Trade Republic bietet beispielsweise keine Web-Oberfläche an. Das bedeutet, sämtliche Transaktionen werden mit dem Smartphone durchgeführt. Die App ist sehr zuverlässig und übersichtlich, sodass du dich schnell zurechtfinden wirst. Des Weiteren kooperiert Trade Republic lediglich mit dem Börsenplatz Lang & Schwarz. Das hat den Nachteil, dass wenn Lang & Schwarz Serverprobleme hat, kein Handel möglich ist. Zusammengefasst können wir sagen, dass auch dieses Ranking zeigt, dass es nicht den einen Mega-Broker gibt. Der Broker sollte immer individuell ausgewählt werden, damit es für die eigenen Bedürfnisse am besten passt.

Diese ETF Sparplan Vergleich stammt aus dem Jahr 2020.

Für die Bewertung der aktuellsten Depots kannst du dir auf der Webseite www.justetf.com jederzeit ein eigenes Bild machen.

Wie eröffne ich ein Depot?

Eine Depoteröffnung ist einfacher, als du im ersten Moment denken könntest. Wenn du noch keine 18 Jahre alt bist, dann musst du das Depot über deine Eltern eröffnen lassen.

Alle anderen brauchen für die Depoteröffnung den Antrag zur Depoteröffnung, den du entweder bei deiner Filialbank vor Ort oder bei Online-Banken über die Website erhältst.

Im ersten Schritt musst du Angaben bezüglich deiner Anschrift, deiner Kontoverbindung und zum Gehalt machen. Diese Angaben benötigt die Bank, damit sie dich als Kunden anlegen kann.

Im zweiten Schritt folgt die Bearbeitung des Formulars zur Erstellung des Risikoprofils. Bei dem Formular gibst du an, ob du bereits an der Börse gehandelt hast und falls ja, mit welchen Finanzinstrumenten du in Berührung gekommen bist. Was im ersten Moment nervig klingt, dient deiner eigenen Sicherheit. Wenn du dich -zum Beispiel nach dem Lesen dieses Ratgebers- einigermaßen sicher in deinem Tun fühlst und auch weißt, was du machst (mithilfe deiner eigenen Strategie), fülle das Formular ruhig selbstbewusst aus. Niemand kann dir verwehren, dich am Aktienmarkt auszuprobieren.

Im dritten Schritt erfolgt der Identitätsnachweis. Dieser soll Betrüger davon abhalten, Konten auf fremde Namen zu eröffnen. Bei einer Filialbank kannst du deine Identität nachweisen, indem du am Schalter deinen gültigen Personalausweis oder Reisepass vorlegst und die Person vor Ort deine Identität bestätigt.

Bei den Online-Banken läuft der Nachweis online ab. Das sogenannte Video Ident-Verfahren hilft dir dabei, die Identität von zuhause zu bestätigen. Dafür brauchst du entweder ein Smartphone oder einen Computer, bzw. Laptop. Die durchzuführenden Schritte werden dir haargenau erklärt. Du brauchst also keine Angst vor dem Video Ident-Verfahren haben. Folge einfach den Anweisungen der Person. Du wirst lediglich den Personalausweis in die Kamera halten müssen, sodass die Person auf der anderen Seite deine Identität bestätigen kann. Du wirst überrascht sein, wie schnell dieser Punkt abgehakt ist. Falls aber weder Smartphone, noch Computer mit Webcam zur Verfügung stehen, kann auch das Post Ident-Verfahren genutzt werden. Dafür gehst du einfach in die nächste Postfiliale und bittest um das Post Ident-Verfahren. Das beinhaltet allerdings einen zeitlichen Nachteil, weil sich die Depoteröffnung so um zwei bis fünf Werktage verzögern kann.

WIE KAUFE ICH MIR EINEN ETF?

Du hast das Depot erfolgreich eröffnet und hast Geld auf dein Verrechnungskonto eingezahlt, doch wie kaufst du nun deinen ersten ETF? Nicht selten wird ein Depot eröffnet und die Unterlagen landen in der Ecke, ehe überhaupt ein Trade durchgeführt wurde. Diesen Fehler solltest du unbedingt vermeiden, denn dann war deine ganze Mühe umsonst!

Solltest du nur im Geringsten daran denken, das Ganze zunächst einmal aufzuschieben, dann erinnere dich an das erste Kapitel, indem es darum ging, warum du überhaupt gestartet bist.

Im ersten Schritt solltest du dir darüber Gedanken machen, in welchen ETF du investieren möchtest. Einige Tipps hierzu erhältst du in einem späteren Kapitel. Zu diesem Schritt gehört auch die Überlegung, in welchen Index du investieren möchtest.

Im zweiten Schritt solltest du die Kennnummer des ETFs herausfinden. Jeder ETF hat eine spezifische Identifikationsnummer (ISIN) oder auch Wertpapierkennnummer (WKN), über die der ETF zugeordnet werden kann. Diese Nummer kannst du über Google oder über Finanzwebsites wie Finanzen.net oder justetf.com herausfinden. Du könntest natürlich auch direkt nach dem ETF in der Suchmaske des Depots suchen, doch das birgt die Gefahr, dass du einen ungewollten Ableger kaufst, der zwar ähnlich heißt, inhaltlich aber nicht identisch ist.

Im dritten Schritt nimmst du die herausgefundene Nummer und tippst diese in das Suchfeld des Brokers ein. Es dürfte lediglich ein ETF erscheinen, auf dessen du mit der Maus klickst. Im Anschluss gelangst du zu der Übersichtsseite des ETFs, auf der du die wichtigsten News, Zahlen und Fakten noch einmal überblicken kannst. Auf der Seite befindet sich aber auch ein „Kaufen"-Button. Wenn du auf diesen klickst, gelangst du zu der Ordermaske.

Im vierten Schritt befüllst du die Ordermaske, indem du einträgst, wie viele ETF-Anteile du an welcher Börse kaufen möchtest. Entweder gibst du die Summe deiner Investition, oder die Anzahl der ETF-Anteile an, die du gerne investieren, bzw. kaufen möchtest. Im Anschluss musst du dich für einen Handelsplatz entscheiden. Den ETF kannst du über verschiedene Handelsplätze erwerben. Du solltest dich grundsätzlich für den Handelsplatz entscheiden, der den niedrigsten Briefkurs enthält. Ein Briefkurs ist der Kurs, zu dem du den ETF kaufst. Das Gegenteil zum Briefkurs ist der Geldkurs, zu dem der ETF verkauft wird. Bei der Wahl des Handelsplatzes gilt: Direkthändler sind im Vergleich zur Börse günstiger, weil keine Gebühren anfallen. Du solltest daher nach den Namen Lang & Schwarz, Tradegate oder auch Commerzbank oder Baader Bank Ausschau halten. Wichtig ist außerdem, dass du nur handelst, wenn die Börse auch geöffnet ist, damit du den bestmöglichen Kurs bekommst. Die Xetra-Börse beispielsweise ist von 9:00 Uhr bis 17:30 Uhr offen.

WAS IST EIN ETF SPARPLAN UND WIE LEGE ICH DEN AN?

Bei einem ETF-Sparplan wird monatlich eine festgelegte Summe in ein zuvor festgelegtes Finanzinstrument investiert. Wenn du also monatlich vollautomatisch 100 Euro in einen MSCI World ETF stecken möchtest, dann investierst du via ETF Sparplan. Sparpläne werden von Finanzexperten empfohlen, weil man so gezwungen wird, jeden Monat einen bestimmten Betrag zu investieren. So kommst du nicht in die Versuchung, nur das zu investieren, was Ende des Monats übrigbleibt. Sparpläne werden dabei üblicherweise zum 1. oder zum 15. des Monats ausgeführt. Sparpläne, einmal angelegt, funktionieren automatisiert. Du brauchst dich nach der Anlage um nichts mehr zu kümmern, außer dass du auf dem Verrechnungskonto ausreichend Geld liegen hast.

Den ETF Sparplan legst du ganz entspannt über die Ordermaske fest. Im Vorfeld solltest du dir wieder überlegen, in welchen ETF und in welchen Index du investieren möchtest. Wenn du bei der Ordermaske angekommen bist, kannst du auch einen Sparplan anlegen. Je nach Broker gibt es dafür auch eine eigene Seite. Im Wesentlichen gibst du lediglich die Summe an, die du gerne investieren möchtest und wann die Summe investiert werden soll (Anfang oder Mitte des Monats). Das Ganze bestätigst du über das TAN-Verfahren und schon hast du einen Sparplan angelegt.

AUFBAU ETF-NAME

Um den richtigen ETF kaufen zu können, solltest du einen ETF auch lesen können. Wenn du schon einmal nach ETFs gesucht hast, dann wird dir der vermeintlich komplizierte Name aufgefallen sein. Doch schaut man sich den Namen mal genauer an, so ergibt dieser Sinn. Am Anfang eines jeden ETFs steht der Name des Anbieters. Welche Anbieter es gibt, wirst du im nächsten Kapitel näher erfahren, doch klassischerweise stehen hier Namen wie iShares, Xtrackers oder Lyxor. Nach dem Namen des ETF-Anbieters folgt der Indexname. Der Indexname ist für dich als Anleger besonders interessant, weil er verrät, in welche Aktien überhaupt investiert wird. Ein DAX-ETF beispielsweise beinhaltet die Aktien des DAX. Damit du weißt, welche Aktien im Groben hinter dem Index stehen, wurden dir die wichtigsten Indizes bereits vorgestellt.

Im Anschluss folgen beim ETF-Namen die regulatorischen Merkmale. Wenn der ETF aus Europa stammt, dann wirst du an dieser Stelle „UCITS“ lesen, was für „Undertakings for Collective Investments in Transferables Securities“ steht. Im Wesentlichen ist damit eine Anlagerichtlinie gemeint, die den Anlegerschutz in Europa regelt. In dieser Richtlinie wird beispielsweise festgeschrieben, in welche Vermögenswerte investiert werden darf. Wenn du also die Abkürzung „UCITS“ liest, bist du auf der sicheren Seite, dass dir europäische Standards versprochen werden. Daher wirst du diesen Zusatz in allen ETFs finden, die in Deutschland handelbar sind.

Hin und wieder wirst du über die Abkürzungen „SICAV“ oder „OEIC“ stolpern. SICAV steht für „Investmentgesellschaft mit variablem Grundkapital“. In Großbritannien heißt die entsprechende Bezeichnung „OEIC“, also „Open-Ended Investment Companies“. Ganz am Ende des ETF-Namens steht die Art des ETFs. Die Abkürzung ETC ist ein Hinweis darauf, dass in Rohstoffe investiert wird. ETN steht für „Exchange Traded Notes“ und ETP für „Exchange Traded Product“. Oft findest du im ETF Namen auch den Zusatz „Ac“ oder „Acc“, was accumulated bedeutet. Das heißt, dies ist ein thesaurierender ETF, die Gewinne werden nicht ausgeschüttet, sondern direkt reinvestiert.

Das Wissen dieses Kapitels wird dich von vielen Anfängern abheben. Selbst viele „Experten“ kennen sich mit der Benamung eines ETFs nicht aus.

Anbieter von ETFs

Die Anbieter von ETFs wurden bereits angesprochen. Ein bekannter Anbieter der französischen Großbank Crédit Agricole ist Amundi. Bereits seit dem Jahr 2001 werden ETFs dieser Marke angeboten. In Deutschland sind die ETFs allerdings erst seit 2010 käuflich.

Ein weiterer Anbieter ist die BlackRock Asset Management, der früher Barclays Global Investors genannt wurde. Dabei handelt es sich um eine Tochtergesellschaft der US-amerikanischen Firma BlackRock. Die Eigenmarke iShares gehört zu den bekanntesten ETFs in Deutschland. Es werden über 150 Stück angeboten. Falls du bei der Suche nach einem geeigneten ETF über zwei ETFs der Marke iShares mit dem gleichen Index stolperst, solltest du dir darüber keine weiteren Gedanken machen. Das ist historisch durch den Zukauf der Barclays Global Investors (2007) entstanden.

Die Commerzbank hat als ETF-Tochter Comstage. Der Sitz der Gesellschaft befindet sich in Luxemburg. Weil die ETFs ebenfalls aus Luxemburg stammen, werden die ETFs nach den Rechten ausländischer Fonds besteuert. Comstage ist dabei nicht nur auf Aktien fokussiert, sondern genauso werden ETFs für Rohstoffe und Anleihen angeboten. Seit 2007 mischt zusätzlich noch die Deutsche Bank auf dem ETF-Markt mit. Unter den Namen DB X-Trackers werden über 100 verschiedene ETFs angeboten. Ansässig ist die Tochterfirma der Deutschen Bank ebenfalls in Luxemburg. Verkauft werden nicht nur die klassischen DAX oder MSCI World ETFs, sondern ebenso Hedge-Fond ETFs, die vorwiegend für Finanzexperten entwickelt wurden. Aktuell besonders beliebt sind die klimafreundlichen Anlageprodukte. Wenn du bereits ETFs besitzt und du dein Portfolio lieber weiter diversifizieren möchtest, dann kannst du dies über den Anbieter ETF Securities erreichen. Dieser Anbieter hat sich vorwiegend auf Nischenprodukte spezialisiert. So kannst du den Bereich Energie zum Beispiel gesondert abbilden. Als Alternative in diesem Bereich gibt es die Marke Invesco Powershares. Der Anbieter ist etwas unbekannter, hat sich aber gleichzeitig auch auf unbekanntere Nischen spezialisiert, sodass es weniger Konkurrenz gibt.

Ein ebenfalls sehr bekannter Anbieter ist Lyxor. Dessen Sitz ist in Frankreich und der ETF-Anbieter gehört zu der französischen Bank Societé Generale. Auf den Namen wirst du als größter ETF-Anbieter Europas immer mal wieder treffen.

Allein an der Deutschen Börse gibt es über 70 Anbieter. Neben den klassischen ETFs werden auch ETFs im Bereich Anleihen und Rohstoffe angeboten. Ein etwas unbekannterer Anbieter ist Source Markets. Dahinter steht ein Zusammenschluss verschiedenster Großbanken, die erst seit dem Jahr 2009 einen ETF anbieten. An der Deutschen Börse werden um die 33 ETFs angeboten. Auch die Schweizer Großbank UBS hat einen ETF-Anbieter unter dem Namen UBS Exchange Traded Funds herausgebracht. Der Sitz ist allerdings wiederum in Luxemburg. An der Deutschen Börse kannst du in Summe

17 ETFs der UBS handeln. Bei diesem Anbieter werden ebenfalls häufig zwei Versionen des gleichen ETFs angeboten. Ein ETF ist dabei überwiegend für Privatanleger und einer für institutionelle Investoren angelegt worden. Der ETF für Privatanleger ist üblicherweise teurer.
In Deutschland gibt es fast 1800 ETFs. Davon machen knapp über die Hälfte Aktien-ETFs aus (1093). Auf dem zweiten Platz folgen die Anleihen ETFs, die gerne zur Risikoreduktion beigemischt werden. Auf dem dritten Platz folgen die Rohstoff-ETFs mit insgesamt 214. Eine absolute Seltenheit sind die Hedgefonds-ETFs. In Deutschland gibt es davon lediglich zwei.
Der in Europa größte ETF-Anbieter ist iShares. Der Anbieter bestimmt den Markt mit einem Anteil von 43,7%.

ETFs und Steuern

Steuern sind ein sehr unbeliebtes Thema und das gilt besonders für ETFs. Niemand möchte sich damit beschäftigen und trotzdem muss es sein. Das Gute daran: Wer sich mit Steuern beschäftigt, der kann auch Steuern sparen. Doch leider gibt es immer noch viele Menschen, denen die Steuer nur ein lästiges Übel ist. Diese Menschen verschenken bares Geld an den Staat. Du solltest nicht zu dieser Spezies gehören. Raffe dich auf und lies auch noch das nachfolgende Kapitel, damit du die wichtigsten Infos aus dem Kapitel schöpfen kannst. Für ETFs besonders interessant ist die Investmentsteuerreform aus dem Jahr 2018.

Der Freistellungsauftrag

Um das Schönste vorweg zu nehmen: Jede in Deutschland steuerpflichtige Person besitzt die Möglichkeit, einen Freistellungsauftrag in Höhe von 801 Euro einzureichen. Das bedeutet, dass die nachfolgend dargestellten Steuern für Kapitalerträge bis zu einer Gesamtsumme von 801 Euro nicht anfallen. Alle Erträge unterhalb dieser Grenze sind somit steuerfrei. Der einzige Nachteil: Du musst selbst aktiv werden und den Freistellungsauftrag bei deiner Bank einreichen. Gerade Anfänger vergessen dies häufig und ärgern sich umso mehr, wenn sie dann hören, dass es diese Möglichkeit gibt. Wird der Freistellungsauftrag nicht eingereicht, so wird ab dem ersten Euro Gewinn versteuert. Verheiratete haben sogar einen Steuerpauschbetrag von 1602 Euro.

Und falls du an den Punkt gelangen solltest, dass du mehrere Depots besitzt, dann kannst du den Freibetrag auch auf mehrere Finanzinstitute aufteilen. Falls du mit ETFs sowohl auf wachstumsstarke, als auch dividendenstarke Unternehmen setzen möchtest, macht es Sinn, möglichst schnell den Steuerfreibetrag auszunutzen. Doch was passiert, wenn der Steuerfreibetrag komplett ausgenutzt wurde, welche Steuern fallen dann an?

Abgeltungssteuer, Soli, Kirchensteuer

Die sogenannte Abgeltungssteuer wird von vielen Investoren gefürchtet, weil sie häufig den größten Anteil ausmacht. Dabei handelt es sich bei der Steuer um eine unspezifische Steuer, die nicht nur bei ETFs anfällt. Die Steuer fällt mit 25% stark ins Gewicht. Gezahlt werden muss sie sowohl auf realisierte Kursgewinne, als auch auf Dividenden. Seit 2021 ist der Soli für 94% der Bevölkerung abgeschafft und gilt nur noch bei sehr hohen Einkommensgrenzen, die auch dadurch festgelegt werden, ob jemand Single, verheiratet, Alleinverdiener ist und ob und wie viele Kinder er hat. Gegebenenfalls musst du noch die Kirchensteuer zahlen. Die Höhe variiert je nach Bundesland und liegt bei etwa 8-9%.

Die Quellensteuer

Und würden die oben genannten Steuern nicht schon reichen, gibt es auch noch die sogenannte Quellensteuer. Die Quellensteuer musst du bezahlen, wenn du Erträge aus dem Ausland erhältst. Wenn du ein breit diversifiziertes Aktienportfolio besitzt, kann das schon mal komplizierter werden, weil jedes Land seinen eigenen Steuersatz haben kann und Deutschland nicht mit jedem Land ein Steuerabkommen geschlossen hat, sodass du dir die Quellensteuer aus dem Ausland nicht zwingend wiederholen kannst. Und je nach Land kann die Quellensteuer arg ins Gewicht fallen. Während die USA eine Quellensteuer von 30% besitzt, übertrumpft die Schweiz dies sogar noch mit einer nationalen Quellensteuer von 35%. Das klingt nach viel Arbeit und ist kompliziert?

Keine Panik, die Quellensteuer wird direkt an der „Quelle“ einbehalten, aus dem die Einkünfte fließen. Das heißt, dass dies automatisch passiert und du dich nicht darum kümmern musst.

ETFs und Kosten

Dass die geringen Kosten und Gebühren beim ETF im Vergleich zu klassischen Investmentfonds ein großer Vorteil sind, haben wir bereits gelernt. Doch mit welchen Kosten ist konkret zu rechnen? Welche Kosten solltest du auf dem Schirm haben, um nicht böse überrascht zu werden?

Verwaltungsgebühren bzw. Managementgebühren

Du wunderst dich jetzt vielleicht, warum hier Managementgebühren aufgelistet werden. Wir hatten doch festgestellt, dass es gar keinen klassischen Investmentfondsmanager bei ETFs gibt, der den ganzen Tag die Unternehmen analysiert. Das stimmt auch, du hast völlig Recht. Als ETF-Anleger musst du keinen Manager bezahlen, der den ganzen Tag nach neuen Aktien Ausschau hält. Aber dennoch muss eine Person den ETF entsprechend des Indizes zusammenstellen und den organisatorischen Aufwand dahinter bewältigen. Und hin und wieder kommt es ja auch zu Veränderungen im ETF, weil sich der Index verändert hat. Auch diese Änderungen wollen eingepflegt werden. Bei einem aktiven Investmentfonds liegt diese Gebühr schnell bei 2%. Bei einem ETF hingegen liegt die Gebühr bei lediglich 0,35% bis 0,5% im Jahr. Voraussichtlich werden ETFs zukünftig noch weniger kosten, weil die Konkurrenz stetig zunimmt.

Handelskosten

Während die Verwaltungsgebühr den größten Anteil an den Kosten ausmacht, können aber zusätzlich auch noch Handelskosten anfallen. Unter Handelskosten werden beispielsweise Maklergebühren oder Spreads gezählt. Ein Spread ist die Differenz zwischen Kauf- und Verkaufspreis einer Aktie oder eines ETFs. Im Durchschnitt liegt der Spread zwischen 0,08 und 0,10%. Der Spread ist außerdem stark von der Liquidität des Marktes abhängig. Du solltest also unbedingt darauf achten, dass die Börse, an der du kaufen möchtest, auch geöffnet ist. Einen DAX-ETF solltest du daher nicht am Wochenende kaufen, weil du sonst einen höheren Spread bekommst, der zu Lasten der Rendite geht.

Sonstige Kosten

Zu den sonstigen Kosten zählen die klassischen Ordergebühren, die bei jedem Broker anfallen, wenn eine Transaktion durchgeführt wird. Die Ordergebühren liegen größtenteils zwischen einem und 20 Euro. Bei klassischen Investmentfonds wäre an dieser Stelle auch noch eine Performance Gebühr aufzulisten, die gezahlt werden muss, wenn der Investmentfonds eine besonders gute Rendite eingefahren hat. Diese Gebühr gibt es bei ETFs glücklicherweise nicht.

Vereinfachung

Das Schöne an ETFs ist, dass die Kosten vereinheitlicht sind und damit wunderbar vergleichbar. Jeder ETF hat eine Kennzahl seiner Gesamtkostenquote, die jährlich zusätzlich zum Ausgabeaufschlag anfällt.
Angegeben werden die Kosten im Total Expense Ratio, abgekürzt TER.
Durch die Vereinheitlichung kannst du auf den ersten Blick erkennen, welcher ETF die günstigsten Kosten aufweist

Fehler beim Investieren in ETFs

Bevor du deine eigene kleine Investmentkarriere startest, möchten wir dich noch auf typische Fehler beim Investieren in ETFs aufmerksam machen. Wenn du bis hierhin gelesen hast, dann hast du schon eine Menge gelernt. Die theoretischen Grundlagen konntest du dir bereits aneignen, doch wie sieht es mit der Praxis aus? Erfahrungen zeigen, dass die Theorie in der Praxis häufig in den Hintergrund gerät. Dieses Phänomen kann teuer werden. Deswegen soll das Buch erst das Ende finden, wenn dir die nachfolgenden fünf Anfängerfehler bewusst gemacht wurden. Nahezu jeder Anleger hat zumindest einen Fehler selbst gemacht und dadurch Geld verloren. Nicht selten werden sogar alle fünf Fehler begangen. Also nochmal konzentrieren und wachsam bleiben, damit du dich vor den typischen Fehlern schützen kannst.

Fehler 1

Dass ein ETF ein passives Konstrukt ist, hast du bereits gelernt. Mit einem ETF profitierst du als Anleger langfristig von dem Wachstum der Wirtschaft. Um von dem Wachstum zu profitieren, benötigst du lediglich einen ETF, der breit diversifiziert ist. Die geringen Kosten von ETFs sind optimal, um eine hervorragende Langfristrendite zu erzielen. Ein ETF wird von erfahrenen Finanzfachleuten häufig als „langweilig“ bezeichnet, weil du keine zeitaufwendigen Aktienanalysen durchführen musst. Konzentriere dich lieber auf die schönen Sachen

des Lebens. Komm nicht in die Versuchung, mit passiven ETFs aktiv zu handeln. ETFs sind für das Kaufen und Liegenlassen (Buy and Hold) gemacht worden. Wenn du nun auf die Idee kommst, an dem ETF-Portfolio ständig zu schrauben, dann wirst du bei jeder Transaktion Ordergebühren zahlen müssen. Dabei handelt es sich letztlich um Geld, was nicht mehr auf deinem Konto ist. ETFs breiten erst dann ihre volle Wirkung aus, wenn sie mehrere Jahre gehalten werden. Kurzfristig kann der Wert des ETFs stark schwanken. Langfristig (mind. 15-20 Jahre) hingegen wird eine Rendite von circa 7% angenommen. Falls du also in die Versuchung kommst, deinen ETF bereits nach kurzer Zeit wieder zu verkaufen, dann erinnere dich an die Tatsache, dass kaum ein aktiver Investmentfonds seinen Vergleichsindex schlägt. Mit hoher Wahrscheinlichkeit wirst auch du nicht den Index schlagen können, wenn du das aktive Handeln beginnst. Märkte sind unberechenbar, du wirst nie den tiefsten Punkt zum Kaufen erreichen. Konzentriere dich daher lieber auf das Ausführen deiner Sparpläne.
Merke: Hin und Her macht Tasche leer!

FEHLER 2

Der zweite Anfängerfehler, den die meisten Anleger begehen, ist der Kauf von ETFs, die nicht verstanden werden.
Aufgrund der hohen Anzahl an ETFs, kann gar nicht jeder kaufbare ETF verstanden werden. Daher hilft es, wenn du schon ungefähr weißt, welchen Bereich du abdecken möchtest. Erstelle dir am besten im Vorfeld eine Liste mit Kriterien, die für dich wichtig sind. Dein Ziel

muss es sein, die Anzahl der ETFs so gut es geht einzugrenzen. Im Internet gibt es dafür zahlreiche ETF-Screener, die dir dabei helfen. Im Best Case bleiben nur noch eine Handvoll an ETFs übrig, über die du dir nähere Gedanken machen kannst. Dafür macht es Sinn, sich das ETF-Prospekt mal herunterzuladen und sich die Zeit zu nehmen, alles genau durchzulesen.
Nicht selten steckt nicht unbedingt das im ETF, was man erwarten würde. Im MSCI World beispielsweise steckt ein sehr hoher USA-Anteil. Diesen Anteil entdeckst du allerdings nicht anhand des Namens, sondern nur, wenn du die Broschüre gelesen hast.
Bevor du dir einen ETF kaufst, solltest du daher auf Nummer sicher gehen, dass du den ETF voll und ganz verstanden hast. Dabei geht es nicht darum, dass du jede einzelne Aktie aus dem Index verstehst. Du solltest aber zumindest im Groben verstehen, was die Unternehmen machen. So gibt es beispielsweise zahlreiche Automatisierungs-ETFs, die teilweise gar keine klassischen Automatisierungsunternehmen enthalten. Daher: Augen auf bei der ETF-Wahl!

Fehler 3

Jeder ETF wird in einer bestimmten Währung ausgegeben und viele Anleger machen sich zu viele Gedanken darüber, in welcher Währung der ETF gekauft werden sollte.
Um es kurz zu machen: Bei ETFs kannst du die Währungsabsicherung vernachlässigen, denn jede Absicherung kostet Geld und Kosten drücken die Rendite. Du kannst sowieso nur die ETFs kaufen, die in Deutschland

zugelassen wurden und diese ETFs werden klassischerweise in Euro ausgegeben. Die Währungsumrechnung im Hintergrund übernimmt dein Depotanbieter. Außerdem handeln die großen Unternehmen sowieso international, sodass der Erfolg des Unternehmens und damit auch die Performance deines ETFs nur minimal von den Schwankungen abhängen, da sie sich gegenseitig kompensieren.

Fehler 4

Bei den angesprochenen Aktien-Screenern hast du häufig auch die Möglichkeit, dir die vergangene Performance anzuschauen. Anfänger lassen die Liste gerne nach der Performance sortieren, weil sie annehmen, dass eine gute Vergangenheitsperformance ein Garant für die zukünftige Performance ist. Das ist allerdings ein Irrglaube. Nur weil ein ETF im letzten Jahr eine grandiose Rendite erzielt hat, heißt das noch lange nicht, dass die Rendite auch für die Zukunft garantiert ist. Die Wirtschaft und auch der Aktienmarkt verlaufen in Zyklen. Nach einem Aufschwung folgt häufig ein Abschwung und umgekehrt. Während in Krisenzeiten Gold häufig ein hervorragendes Produkt ist, sind in Aufschwung Phasen Aktien gefragt.

Wenn du immer nur den ETF kaufst, der im vergangenen Jahr erfolgreich war, dann rennst du dem Trend hinterher. Die Performance kannst du nur bedingt beeinflussen. Was du aber im Auge behalten solltest, sind die Kosten, denn Kosten schmälern die Rendite. Wobei du in Sachen Kosten mit ETFs schon auf einem sehr guten Weg bist.

FEHLER 5

Viele Börsenneulinge freuen sich, dass sie endlich auf dem Aktienmarkt aktiv sind. Sie haben stets die große Rendite vor Augen und geben möglicherweise noch nicht verdientes Geld aus, weil sie denken, die Börse ist eine Einbahnstraße.

Bitte mach diesen Fehler nicht! Auch wenn der Aktienmarkt langfristig gesehen attraktive Renditen verspricht, kennt die Börse nicht nur eine Richtung. Kurzfristig kann die Börse enorm schwanken, sodass dein angelegtes Geld zwischenzeitlich massiv an Wert verlieren kann. Ein Verlust von über 50% in wenigen Wochen ist keine Seltenheit. Das solltest du dir immer bewusst machen! Dein Geld kann sich natürlich auch genauso schnell vermehren, aber du solltest auf beide Entwicklungen vorbereitet sein. Vielen Menschen schätzen sich risikofreudiger ein, als sie sind. Sie denken, dass sie die hohen Schwankungen schon aushalten werden, aber sobald das Portfolio dann wirklich an Wert verliert, schlafen sie unruhig. Damit dir das nicht passiert, solltest du immer einen Notgroschen von mindestens drei Monatsgehältern, besser sogar noch sechs Monatsgehältern auf einem Tagesgeldkonto zur Verfügung haben, sodass du keine schlaflosen Nächte bekommst, wenn die Börse nicht so läuft wie sie soll. Je nach Puffer kannst du dich über die fallenden Kurse sogar freuen, weil du für dein Geld mehr Aktien erhältst.

Tipps von erfolgreichen Investoren

Tipp 1

Suche dir keinen Finanzexperten, werde selber einer!

Viele Menschen suchen sich einen Finanzexperten und denken, sie seien bestens aufgestellt. Glücklicherweise gehörst du jetzt hoffentlich nicht mehr zu diesen Menschen! Viel besser ist es, wenn du dich selber zu einem Finanzexperten ausbildest. Das kannst du ganz entspannt mit Büchern machen oder aber ganz modern über YouTube-Videos. Suche dir aber zusätzlich noch Personen, die auf dem gleichen Weg sind, damit du dich mit ihnen austauschen kannst. Dafür bieten sich auch diverse Facebook Gruppen an. Das fördert den Lernprozess. Wir haben bereits gelernt, dass die meisten Finanzexperten letztlich auch nur Berater sind, die Geld verdienen wollen und müssen. Und Beratung kostet nun mal Geld. Das Geld kannst du dir sparen, indem du dich selbst stetig fortbildest und deine eigenen Erfahrungen machst. Du wirst schnell merken, dass das Thema Börse einfacher ist, als es scheint.

TIPP 2

Werde nicht zu gierig!

Das kennt wahrscheinlich jeder. Du hast dich eingelesen, ein Depot eröffnet und deinen ersten ETF gekauft. Es läuft überraschend gut und nach einem Monat schaust du auf eine Performance von über 10%. Diese Monate sind selten und doch kommen sie vor. Jetzt denkst du dir wahrscheinlich: „Oh Mann, hätte ich nur mehr Geld angelegt!“. Diese Gedanken kennt jeder Investor. Die Kunst ist aber, nicht zu gierig zu werden. Verfolge deine vorher festgelegte Investmentstrategie und lasse dich von kurzfristigen Schwankungen nicht beirren. Es ist schon vorgekommen, dass die Menschen so gierig wurden, dass sie einen Kredit aufgenommen haben. Doch was ist dann in den nächsten Monaten passiert? Der Index ist abgestürzt und der Kredit konnte nicht mehr zurückgezahlt werden. Tue dir daher den Gefallen und gehe nur mit Geld an die Börse, auf das du in den nächsten 10 Jahren nicht zwingend angewiesen bist. Ansonsten kann das schnell zu schlaflosen Nächten führen.

TIPP 3

Schätze dich bezüglich der Risikoneigung realistisch ein

Vielleicht wurdest du von deinem Bankberater schon mal nach deiner Risikoneigung befragt. Bist du eher risikofreudig oder risikoavers? Magst du Risiko oder bereitet dir Risiko schlaflose Nächte? Wir Menschen unterschätzen das Risiko. Wenn wir gefragt werden, ob wir Kursverluste von über 50% aushalten, dann denken wir:

„Na klaro“. Wenn der Markt dann aber wirklich um 50% einbrechen sollte, dann sieht die tatsächliche Risikoneigung ganz anders aus. Versuche dich daher diesbezüglich so realistisch wie möglich einzuschätzen.

TIPP 4

Vertraue der Markteffizienzhypothese

Die 1970 von Eugene Fama vorgestellte Markteffizienzhypothese besagt, dass die Börsenmärkte effizient sind. Demnach befinden sich alle öffentlich zugänglichen Infos bereits im Aktienkurs. Folglich gibt es keine Über- oder Untertreibungen des Marktes. Fama unterscheidet drei Arten der Markteffizienz. Bei der schwachen Effizienz wird davon ausgegangen, dass die Kurse der Vergangenheit eingepreist sind. Demnach wäre das Traden nach technischen Linien unsinnig, weil sich dadurch kein Geld verdienen ließe. Bei der mittelstarken Effizienz werden zusätzlich noch alle öffentlichen Infos berücksichtigt. Wenn ein Unternehmen auf der Website verkündet, dass das Jahr außerordentlich erfolgreich war, dann ist der Kurs schon angestiegen, ehe du überhaupt investieren konntest. Demnach wäre die Fundamentalanalyse sinnlos. Die dritte Form, die starke Effizienz, baut wiederum auf die ersten beiden Formen auf. Die starke Effizienz umfasst alle Informationen, auch die Insider-Informationen. Wenn diese Effizienz eintreten würde, dann könnten CEOs keine Überrendite erzielen, obwohl sie das Unternehmen besser kennen als alle anderen.
Wissenschaftler sehen die dritte Form der Markteffizienz (die starke Form) als nicht gegeben. Die anderen beiden Formen sehen die Wissenschaftler aber als belegt an.

Das wiederum bedeutet, dass das stundenlange Analysieren von Aktien keinen nennenswerten Mehrwert bringt. Das solltest du niemals vergessen, wenn dir ETFs mal zu langweilig werden. Du kannst natürlich viel Zeit mit dem Analysieren von Aktien verbringen, doch bringen wird es dir wenig.

Welche ETF Zusammensetzung ist empfehlenswert?

Wenn du bei diesem Kapitel angekommen bist, dann wirst du wahrscheinlich schon eine Vorstellung davon haben, welche ETFs du gerne kaufen möchtest. Wenn dem so ist, dann gratuliere ich dir, denn dann kann es bei dir endlich losgehen! Falls du dir aber noch unsicher bist, dann werden im Folgenden noch einmal konkrete ETF-Vorschläge geliefert.

Die Einstiegskombi: MSCI World und Emerging Markets

Einsteigern wird häufig in erster Linie eine Kombi aus MSCI World und Emerging Market empfohlen. Beim Kauf des MSCI World erhältst du Anteile an 1.654 Unternehmen aus 23 Industrieländern. Ausgehend von der Marktkapitalisierung deckst du mit einem MSCI World ETF 85% der Industrienationen ab.

Du solltest allerdings nicht den enormen USA-Anteil im Index ignorieren. Dieser betrug zeitweise bis zu 62,4%. Da denkt man, mit 1.654 Unternehmen ist man gut diversifiziert und dann stammen die meisten Unternehmen aus den USA. Das wird von vielen kritisiert, doch über die Bedeutung des hohen Anteils lässt sich streiten. Wenn ein Land wie die USA nun mal die attraktivsten Unternehmen (Beispiele: Apple, Alphabet, Microsoft, Facebook, etc.) hat, warum darf es dann nicht stärker vertreten sein als die restlichen Länder? Demnach ist der

hohe Anteil an US-amerikanischen Unternehmen absolut vertretbar, sollte einem aber bewusst sein.
Der USA folgt Japan auf Platz zwei, mit einem Anteil von 8,2%. Erst auf den Rängen drei und vier folgen europäische Länder wie Großbritannien (5,7%) und Frankreich (3,8%).
Branchentechnisch sind in dem Index vorwiegend drei Bereiche erfasst. Die Informationstechnologie macht mit einem Anteil von 15,9% den größten Anteil aus, dicht gefolgt von den Finanzdienstleistern (15,8%). Auf Rang drei landet die Gesundheitsbranche mit 12,5%. Der Index wird in den Monaten Februar, Mai, August und November quartalsweise angepasst.
Das Portal ExtraETF hat 17 MSCI World ETFs verglichen und die Kosten (TER) lagen zwischen 0,12% und 0,52%. Außerdem solltest du bei der Auswahl eines geeigneten ETFs auf das Fondsvolumen achten. Hat der ETF ein zu geringes Volumen, dann könnte der ETF schon bald wieder geschlossen werden. Das wiederum würde für dich zusätzlichen Verwaltungsaufwand bedeuten. Der größte MSCI World stammt von iShares. Der günstigste ETF mit einer Gesamtkostenquote von 0,12 ist der SPDR MSCI World UCITS. Die Performance der verschiedenen ETFs ist nahezu identisch, weil sie alle auf den gleichen Index beruhen. Es gibt lediglich geringe -zu vernachlässigende-Tracking Differenzen.
Neben dem **MSCI World** wird auch gerne noch der **Emerging Markets ETF** als perfekter Sparringpartner angepriesen.
Der Emerging Markets Index soll den hohen US-amerikanischen Anteil des MSCI World reduzieren. Der MSCI

Emerging Markets ist mit 1.200 Unternehmen aus 26 Schwellenländern fast genauso groß wie der MSCI World. Mit dem Index kannst du 85% der aufstrebenden Länder abbilden.
China ist in dem Index besonders stark vertreten (Anteil: 31,1%). Dahinter folgen Südkorea und Taiwan mit 12% und 10,9%. Auf Platz vier und fünf landen Indien (9,5%) und Brasilien (7,6%).
Das Branchenverhältnis geht in die gleiche Richtung wie beim MSCI World, auch beim Emerging Markets liegt der Finanzdienstleistungssektor vorne (13,6%). Dicht gefolgt von der Informationstechnologie (13,6%) und der Telekommunikations-Branche (11,5%).
Um sich daher global noch stärker zu diversifizieren, ist der Emerging Markets ETF eine sinnvolle Ergänzung zum MSCI World. Die Kosten schwanken zwischen 0,15% und 0,65% TER der angelegten Summe. Das Volumen bei den Emerging Markets ist im Vergleich deutlich geringer. Der größte ETF von Xtrackers hat lediglich ein Volumen von 2.091 Millionen Euro. Deka gibt den ETF mit dem geringsten Volumen heraus (36 Millionen).
Wenn du dir die Rendite der letzten Jahre anschaust, wirst du dich vermutlich fragen, warum du den MSCI World um den MSCI Emerging Markets ergänzen sollst. Der Index hatte in den letzten drei Jahren eine negative Rendite. Die Emerging Markets gelten als risikoreicher, wodurch eine höhere Rendite angestrebt wird. Insbesondere China ist drauf und dran, die USA als größte Wirtschaftsnation abzulösen. Wenn du dir beide ETFs in dein Portfolio legst, kann dir die Entwicklung egal sein, weil du auf jeden Fall profitierst.

Bitte beachte, dass diese Werte aus dem Jahr der Recherche zu diesem Buch 2020 sind und daher in Folgejahren abweichen können. Dennoch sind diese Zahlen auch in den Folgejahren nicht nutzlos, da sie lediglich dazu dienen, die Verhältnisse einzelner Segmente zueinander zu erkennen.

Regelmäßiger Cashflow mit Dividenden ETFs

Wenn du aber sagst, du investierst in erster Linie in Aktien, um ein nettes Nebeneinkommen zu verdienen, dann wirst du mit den beiden oben genannten ETFs weniger glücklich. Um einen regelmäßigen Cashflow zu generieren, sind Dividenden ETFs sinnvoll.

Diese schütten die Gewinnausschüttungen der Unternehmen in regelmäßigen Abständen aus. Dividenden ETFs gibt es viele. Wenn du auf deutsche Unternehmen vertraust, dann könnte der **DivDAX** etwas für dich sein. Darin enthalten sind 15 deutsche Firmen, die allesamt eine hohe Dividende aufweisen.

Dabei werden die 30 Firmen mit der größten Marktkapitalisierung betrachtet. Als Alternative könntest du auch beim **STOXX Global Select Dividend 100 Index** zugreifen, in dem bereits 100 Aktien mit höchsten Dividenden vertreten sind. Bei der Aktienauswahl wird außerdem darauf geachtet, dass die ausgesuchten Unternehmen die Dividende in den letzten Jahren nicht gekürzt haben. Letztlich gibt es verschiedene Dividenden Indizes, die sich meist nur regional unterscheiden

NACHHALTIGES UND ETHISCH SOZIALES INVESTIEREN

Wenn du nur in Unternehmen investieren möchtest, die nachhaltig und ethisch sozial handeln, stellt sich zuerst einmal die Frage, was überhaupt eine nachhaltige Anlage ist. Und hier fängt das Problem häufig schon an:
Es gibt leider keine einheitliche Definition über nachhaltiges Investieren. Viele auf Nachhaltigkeit setzende ETFs schließen Unternehmen aus fragwürdigen Branchen aus. Zu den umstrittenen Branchen zählen Waffen, Alkohol, Tabak oder auch gentechnisch veränderte Lebensmittel. Unternehmen, die Kinderarbeit dulden, werden ebenso ausgeschlossen wie Firmen, die mit Glücksspiel oder pornografischen Inhalten Geld verdienen.

Es gibt aber auch ETFs, die bestimmte Branchen nicht kategorisch ausschließen, sondern sich lediglich auf den Branchenbesten fokussieren. Welches Unternehmen ist das Nachhaltigste in der Tabakindustrie, welches ist das Beste in der Glücksspielindustrie und so weiter. Wenn dir daher etwas daran liegt, nachhaltig zu investieren, dann solltest du dich unbedingt mit den Investmentkriterien auseinandersetzen. Lass dich nicht einfach vom Wort „nachhaltig" blenden. Prüfe lieber vor dem Investieren, ob der entsprechende ETF tatsächlich so nachhaltig unterwegs ist, wie du dir das vorstellst.
Als erstes solltest du auf das Kürzel „SRI" oder „ESG" im Namen achten.

So könnte deine Wahl auf den **UBS ETF MSCI World Socially Responsible UCITS ETF** fallen. In dem hinterlegten Index wirst du keine Unternehmen aus der Alkohol- oder Glücksspielindustrie finden. Unternehmen aus der Pornoindustrie werden ebenso wenig berücksichtigt. Des Weiteren werden Unternehmen aus der Rüstungsindustrie ebenso ignoriert wie Tabakkonzerne.

Die meisten der im Index enthaltenen Aktien stammen aus dem Bankensektor (3,97%). Der Großteil der Unternehmen stammt aus den USA (58,27%). Auf dem zweiten Platz landet Japan mit einem Anteil von 8,34%. In den letzten drei Jahren wurde mit dem ETF eine Rendite von 20,02% erzielt.

Auch im Bereich der nachhaltigen ETFs gibt es Alternativen. Ein Beispiel hierfür wäre der **LO Funds – Generation Global (EUR) P**. Das Volumen des ETFs liegt bereits bei über einer Milliarde Euro. Bei dem ETF wird sogar das Management unter die Lupe genommen. Unternehmen mit korrupten Managern werden ausgeschlossen. Auch Lobbyarbeit wird aufs Schärfste verurteilt. In diesem ETF am stärksten vertreten ist ebenfalls die Bankenbranche. Zwar macht auch die USA hier wieder den größten Anteil aus, doch auf Platz zwei folgt diesmal Großbritannien mit einem Anteil von 4,9%. Das Unternehmen mit dem größten Gewicht im Index ist Alphabet.

Hier eine Übersicht über nachhaltige ETFs. Ein „X“ in dieser Grafik bedeutet, dass dieser Sektor im ETF ausgeschlossen wird.

Indexfamilie	UN Global Compact Kontroversen	kontroverse Waffen	konventionelle Waffen	Atomenergie	Öl- & Kohleproduzenten	Kraftwerkskohle	Alkohol	Tabak	Glücksspiel	Pornografie	gentechn. veränderte Organismen
Dow Jones Sustainability ex Alcohol, Tobacco, Gambling, and others		X	X	X			X	X	X	X	
DAX ESG	X	X		X		X		X			
FTSE ESG Low Carbon Select	X	X	X	X		X		X			
MSCI Climate Change ESG Select	X	X		X	X	X		X			
MSCI ESG Enhanced Focus	X	X	X			X		X			
MSCI ESG Leaders	X	X	X	X			X	X	X		
MSCI ESG Screened	X	X	X		X	X		X			
MSCI ESG Universal	X	X			X*	X*					
MSCI ex Controversial Weapons		X									
MSCI Select ESG Rating and Trend Leaders	X	X	X	X			X	X	X		
MSCI SRI	X	X	X	X	X	X	X	X	X	X	X
S&P ESG	X	X						X			
Solactive Core	X	X				X					
STOXX ESG-X	X	X			X	X		X			

Quelle: Die besten nachhaltigen ETFs | justETF

Bonus: Schritt-für-Schritt Anleitung mit konkreten Anlagebeispielen

Nun hast du viel über ETFS gelernt. Wie gehst du nun also konkret vor? Um auch wirklich ins Tun zu kommen, findest du hier noch einmal einen Überblick über deine nächsten Schritte:

Schritt 1

Werde dir klar, wieviel Risiko du eingehen möchtest. Natürlich kannst du dein gesamtes Geld in einen ETF legen, doch was ist, wenn du dein Geld in 15 Jahren entnehmen willst, weil du in Rente gehst und dein Geld steckt gerade in einem Tief? Daher ist es auch bei den ETFs wichtig zu streuen. Ein Teil sollte eher „risikobehaftet“ sein (der dann ja auch die Rendite macht), ein anderer Teil sollte doch eher risikoarm angelegt sein. Macht zwar weniger Rendite, hilft aber ungemein, den Wert deines Vermögens zu stabilisieren.

Schritt 2

Danach machst du dir einen groben Plan, wieviel Geld wohin soll. Hier eine visuelle Auflistung verschiedener Varianten:

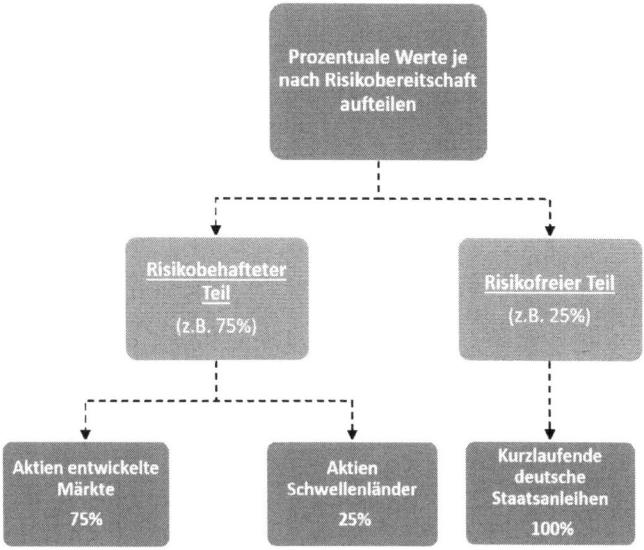

Wer kleinere Beträge monatlich sparen kann, dem wird die o.g. Aufteilung vielleicht zu klein. Daher gibt es die Möglichkeit, den risikobehafteten Teil auch in einem ETF zusammenzufassen, der sowohl entwickelte Märkte als auch Schwellenländer abbildet:

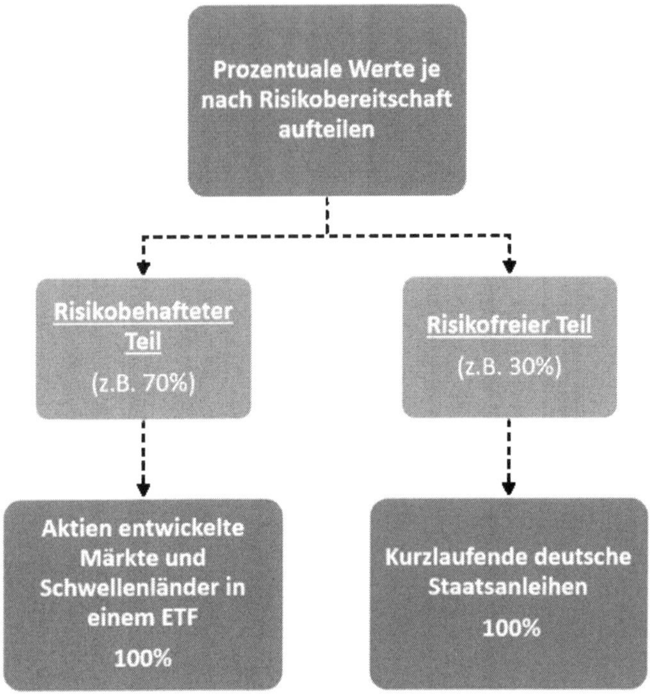

Eine deutliche Vereinfachung geht aber auch noch. Wer sich keine Gedanken um seine Risikobereitschaft machen möchte oder wem eine Aufteilung 25/75 gut gefällt, benötigt nur einen einzigen Fonds:

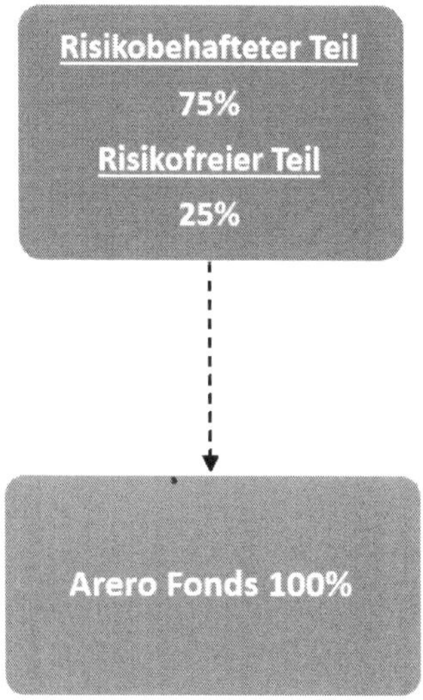

Schritt 3

Wenn du nun weißt, wie deine Aufteilung aussehen sollte, geht es an die konkrete Auswahl der ETFs. Du kannst dazu zum Beispiel auf der Internetseite www.justetf.com sehr gut filtern, was du suchst. Du gehst auf ETF-Suche und kannst dann im linken Auswahlmenü deine Auswahl treffen. Zum Beispiel gibst du unter „Aktien" bei „Region" „Welt" ein, um die weltweiten Märkte auszuwählen.

Dann kannst du auch noch weiter auswählen, zum Beispiel unter „Ausschüttung", ob es ein ausschüttender oder thesaurierender ETF sein soll (der Unterschied wurde dir in diesem Buch genannt). Solltest du schon einen Broker haben, kannst du diesen hier auswählen („Sparplanfähige ETFs"), damit nur die ETFs angezeigt werden, für die du bei deinem Broker auch einen Sparplan einrichten kannst. Eventuell kannst du bei „Fondsgröße" noch die größere Option auswählen, um ganz sicher zu sein, einen stabilen ETF zu wählen, der nicht in den nächsten Jahren wieder geschlossen wird, was zwar keinen Verlust, jedoch einen Mehraufwand für dich bedeuten würde, um deine Anteile „umzuziehen". Zuletzt kannst du noch auf die Kosten schauen, doch bei den geringen Gebühren sollte dies nicht das ausschlaggebende Kriterium sein.

Schritt 4

Suche dir einen Broker, am besten einen Onlinebroker. Identifiziere dazu deine Investmentstrategie. Hast du einen größeren Geldbetrag, den du einmalig anlegen willst? Oder möchtest du einen monatlichen Sparplan anlegen? Betrachte hierzu die Kosten der jeweiligen Broker und auch, ob sie die ETFs anbieten, die du dir ausgewählt hast. Wenn nicht, kannst du jederzeit noch einmal den ETF wechseln. Bedenke, dass es keinen großen Unterschied macht, von welchem Anbieter du den ETF auswählst, da sie alle den gleichen Markt abbilden. Nachdem der Zugang zu deinem Broker freigeschaltet wurde, kannst du loslegen und deinen Sparplan einrichten gemäß den Werten, die du dir in den vorherigen Schritten erarbeitet hast.

Ich wünsche dir viel Erfolg!

Fazit

Herzlichen Glückwunsch, du hast es geschafft! Genug Theorie, ab in die Praxis! Du weißt nun, was ETFs sind und kennst sogar den geschichtlichen Hintergrund. Du kannst jetzt ETFs von Aktien und aktiven Investmentfonds unterscheiden. Du weißt sowohl über die Stärken, als auch über die Schwächen von ETFs Bescheid und du weißt auch, wie die Börse funktioniert.

Wir haben uns außerdem bewusst gemacht, warum du niemals einem Bankberater einfach blind vertrauen solltest. Die Voraussetzungen, um in ETFs zu investieren haben wir genauso besprochen wie die Arten von ETFs. Jetzt bist du bereit, um dir zuerst einmal dein Depot zu eröffnen. Mache dir dabei klar, was für dich besonders wichtig ist. Die Produktauswahl ist von zentraler Bedeutung, doch wie sieht es mit den Kosten oder dem Kundenservice aus?

Hast du dich für einen Depotanbieter entschieden, gehe am besten noch heute auf dessen Website und lasse dich durch den Kontoeröffnungsprozess leiten. Dann kannst du schon in wenigen Wochen (ja, so lange dauert die Eröffnung leider meistens!) deinen ersten ETF kaufen oder aber deinen ersten ETF-Sparplan anlegen. Du weißt jetzt, woraus ein ETF besteht und wie ein ETF Sparplan ohne große Mühe angelegt wird. Du kennst die verschiedenen Anbieter von ETFs und hast dir das Basiswissen bezüglich Kosten und Steuern angeeignet. Bevor du startest, lies dir noch einmal die Fehler beim Investieren in ETFs durch, damit du diese vermeidest

und viel Geld sparst. Behalte außerdem die Tipps der erfolgreichen Investoren im Hinterkopf. Als Einstieg kannst du dich am Bonusteil orientieren, der dich in die Praxiswelt des Investierens begleitet.
Mit ETFs wirst du viel Spaß haben, wenn du auf das angelegte Geld nicht zwingend in den nächsten Jahren angewiesen bist. Versuche daher nur das Geld zu investieren, auf das du die nächsten Jahre verzichten kannst. Krisen sind an der Börse ebenso wahrscheinlich wie Rallys. Nur durchschnittlich gesehen überwiegt der Kursverlauf in Richtung Norden. ETFs sind langweilig und das ist gut so! Nutze deine Zeit lieber für andere Dinge. Lerne eine neue Sprache, gehe einem neuen Hobby nach oder konzentriere dich auf deinen Job. Das tagelange Analysieren von Aktien bringt dich wissenschaftlich gesehen nicht weiter. Natürlich kann ein Glücksfall dabei sein, doch wie wahrscheinlich ist das? Traue daher lieber auf die Markteffizienzhypothese und versuche die Zeit zu nutzen, um deinen monatlichen Sparbetrag zu erhöhen. Denn wenn du mehr investieren kannst, kann sich der Zinseszinseffekt umso besser ausbreiten.
Also leg das Buch nun zur Seite und mach dich an die Arbeit. Zu Beginn ist etwas Einsatz nötig, bevor du dich zurücklehnen und dich auf deine Tage im Ruhestand freuen kannst. Der Aufwand wird sich lohnen. Und falls du in eine Phase gelangst, die dich zweifeln lässt, dann erinnere dich, warum du angefangen hast. War es die Angst vor der Altersarmut oder vielleicht das Ziel der finanziellen Freiheit?

Viel Erfolg!

P.S. Ich habe mir sehr viel Mühe gegeben und Zeit verwendet, dieses Buch so einfach wie möglich zu gestalten und zu schreiben.
Wenn Du mich zwischen den ganzen langjährigen „Finanzexperten" unterstützen möchtest, würde ich mich über eine Rezension zu meinem Buch sehr freuen!
Hier ist der Link direkt zur Rezensionsseite von Amazon: https://amzn.to/34yzy8k

Vielen Dank!

Quellen

Statistik Inflation
https://de.statista.com/statistik/daten/studie/1046/umfrage/inflationsrate-veraenderung-des-verbraucherpreisindexes-zum-vorjahr/
Geschichte ETF
https://www.boerse-frankfurt.de/wissen/wertpapiere/etfs-und-etps/geschichte
Vorteile von ETFs
https://www.finanzfluss.de/geldanlage/zinseszinseffekt/
https://www.verbraucherzentrale.de/wissen/geld-versicherungen/sparen-und-anlegen/welche-vorteile-haben-etfs-16603
Schwächen von ETFs
https://aktienrebell.de/nachteile-von-etfs-risiken/
Was ist die Börse und wie funktioniert sie?
https://de.wikipedia.org/wiki/B%C3%B6rse
Die wichtigsten Börsen
https://www.finanzfluss.de/blog/boerse-fuer-anfaenger/
Voraussetzungen, um in ETFs zu investieren
https://www.justetf.com/de/academy/etf-depot-voraussetzung-fuer-den-etf-kauf.html#:~:text=Wenn%20Sie%20in%20ETFs%20investieren,wie%20Aktien%20oder%20ETFs%20verwahrt.
Warum unsere Eltern nicht in ETFs investieren und stattdessen zum Bankberater rennen
https://de.statista.com/statistik/daten/studie/202295/umfrage/entwicklung-des-zinssatzes-fuer-spareinlagen-in-deutschland/
https://de.wikipedia.org/wiki/T-Aktie#Geschichte
Arten von ETFs
https://www.biallo.de/aktienfonds/news/etf-ausschuettend-oder-thesaurierend/
https://de.extraetf.com/ratgeber/investieren-in-megatrends
https://de.scalable.capital/boerse/synthetische-vs-physische-replikation-etfs
https://diyinvestor.de/sind-indexfonds-bzw-etfs-auch-fuer-value-investoren-interessant/
https://de.bergfuerst.com/ratgeber/anleihen-etf
Wie kaufe ich mir einen ETF?
https://www.finanztip.de/blog/punkt-fuer-punkt-die-sechs-goldenen-regeln-fuer-den-etf-kauf/
Aus welchen Bestandteilen besteht ein ETF?

https://de.extraetf.com/wissen/etf-namen-und-abkuerzungen-einfach-erklaert

Depotvergleich im Hinblick auf ETF-Anlage

https://www.justetf.com/de/etf-sparplan/sparplan-vergleich.html

Anbieter von ETFs

https://www.verbraucherzentrale.de/wissen/geld-versicherungen/sparen-und-anlegen/welche-anbieter-von-etfs-gibt-es-in-deutschland-16607

https://de.extraetf.com/wissen/zehn-mythen-uber-exchange-traded-funds

ETFs und Steuern

https://www.justetf.com/de/academy/etf-und-steuern.html

https://www.justetf.com/de/news/etf/quellensteuer-mit-etfs-zeit-und-geld-sparen.html

https://www.test.de/Fondsbesteuerung-ab-2018-Das-muessen-Sie-ueber-die-Fondssteuer-wissen-5124267-0/

ETFs und Kosten

https://de.extraetf.com/wissen/kosten-von-etfs

Fehler beim Investieren in ETFs

https://depotstudent.de/die-haeufigsten-fehler-mit-etfs/#Fehler_1_ETFs_zum_aktiven_Handeln_nutzen

Tipps von erfolgreichen Investoren

https://etf-blog.com/die-12-besten-geldanlage-tipps-fuer-erfolgreiche-investoren/#1_Schulden_zuerst_abbauen

https://www.wiwo.de/finanzen/boerse/aktienempfehlungen-die-prognosemaerchen-der-analysten/9494668.html

Bonus: Welche ETF Zusammensetzung ist empfehlenswert?

https://de.extraetf.com/ratgeber/msci-world-etfs

Regelmäßiger Cashflow mit Dividenden ETFs

https://de.extraetf.com/ratgeber/investieren-in-dividenden-etfs

Nachhaltiges und ethisch soziales Investieren

https://www.nachhaltiges-investment.org/Fonds/Datenbank/Fondoverview.aspx?idfonds=1345

https://www.nachhaltiges-investment.org/Fonds/Datenbank/Fondoverview.aspx?idfonds=1013

IMPRESSUM

2. Auflage

Covergestaltung: Denise Gahn

Kontakt: Katrin El-Magd/Mainkurstr. 14/63075 Offenbach / Verlagshaus-FirstEdition@web.de

Haftungsausschluss

Die Umsetzung aller enthaltenen Informationen, Anleitungen und Strategien dieses E-Books/Buches erfolgt auf eigenes Risiko. Für etwaige Schäden jeglicher Art kann der Autor aus keinem Rechtsgrund eine Haftung übernehmen. Für Schäden materieller oder ideeller Art, die durch die Nutzung oder Nichtnutzung der Informationen, bzw. durch die Nutzung fehlerhafter und/oder unvollständiger Informationen verursacht wurden, sind Haftungsansprüche gegen den Autor grundsätzlich ausgeschlossen. Ausgeschlossen sind daher auch jegliche Rechts- und Schadensersatzansprüche. Dieses Werk wurde mit größter Sorgfalt nach bestem Wissen und Gewissen erarbeitet und niedergeschrieben. Für die Aktualität, Vollständigkeit und Qualität der Informationen übernimmt der Autor jedoch keinerlei Gewähr. Auch können Druckfehler und Falschinformationen nicht vollständig ausgeschlossen werden. Für fehlerhafte Angaben vom Autor kann keine juristische Verantwortung sowie Haftung in irgendeiner Form übernommen werden.

Urheberrecht

Printed in Poland
by Amazon Fulfillment
Poland Sp. z o.o., Wrocław

77555377R00063